戎冠秀

RONG GUAN XIU

高宏然　孙彦平　智全海　编著

青海人民出版社

图书在版编目（CIP）数据

戎冠秀 / 高宏然，孙彦平，智全海编著 . -- 西宁：青海人民出版社，2021.5
（英雄模范共产党员故事汇）
ISBN 978-7-225-06161-0

Ⅰ.①戎… Ⅱ.①高…②孙…③智… Ⅲ.①传记文学—中国—当代 Ⅳ.① I25

中国版本图书馆 CIP 数据核字（2021）第 090921 号

英雄模范共产党员故事汇

戎冠秀

高宏然　孙彦平　智全海　编著

出 版 人	樊原成
出版发行	青海人民出版社有限责任公司
	西宁市五四西路 71 号　邮政编码：810023　电话：（0971）6143426（总编室）
发行热线	（0971）6143516 / 6137730
网　　址	http://www.qhrmcbs.com
印　　刷	青海西宁印刷厂
经　　销	新华书店
开　　本	890 mm × 1240 mm　1/32
印　　张	5
字　　数	110 千
版　　次	2021 年 7 月第 1 版　2021 年 7 月第 1 次印刷
书　　号	ISBN 978-7-225-06161-0
定　　价	25.00 元

版权所有　侵权必究

目录

9吊钱的童养媳	001
后山梁上长工屋	013
土屋见红旗	019
山洞母子情	030
女儿的"夹衣"	037
一双"高街鞋"	042
开棺验尸申冤情	048
治疗"救"人	050
黎明钟声	053
群英会获得"子弟兵的母亲"荣誉称号	059
奖品分给乡亲们	071
"三遭米"运动	077

目录

组织拨工队	081
戎冠秀冬学	088
太行深处种棉第一人	091
花袄风波	095
老槐明月	099
铁的交往	106
台上台下母女情	111
送子参军	114
北京见到毛主席	120
下地拾粪的代表	125
一件灰咔叽布制服	129
一针一线海疆情	132
一点不浪费的会议餐	135

目 录

下盘松山上不老松 138

勿忘我 145

物质与精神
　　——给予后辈儿孙的财富 150

9 吊钱的童养媳

1896年11月4日（农历九月二十九日），河北平山县西部深山区，一个叫杨树壕的小山村。两间破茅草屋，几根稀稀拉拉的木篱笆围起个院子，就算是一个家。

"怀玉，怀玉，你、你今天别上山了。"一个女人咳嗽着说。

"正过鹰呢，我张上网就回来，时运强的话网住几只，换几个钱，你坐月子就不愁了。别怕，还有娘呢，娘守着你。"汉子将一团丝网甩在肩上，另一只手提了一条补丁布袋说："伏季盘坡地点了苦荞，也不知长成甚样儿了，我顺路去西沟看看，收几个籽儿，等你坐了月子煮粥喝。"

"别走远了。我觉得今天……"女人继续咳着。

"我不走远。我知道，你快到日子了。"叫怀玉的男人漫不经心地应着，推开荆条编成的门，一股冷风吹得他打了个寒噤。他裹裹单薄的补丁衣裳，心头暗暗高兴：交季的时候，这西北风一来，沙鹰也就过来了，怕是风越大鹰就越多呢。天可怜见，多逮几只，媳妇儿坐月子就有了吃喝了。

杨树林的叶子早已落尽，只剩树枝在风中乱剪。怀玉先来到西沟，蓬蓬蒿草中间，细得跟香头似的几茎细秆儿，大部分枝头的苦荞已落在草棵子里，只有极少数枝头还顶着几粒碎小的黑荞麦。

"种一葫芦收半瓢，连种场都收不回来。哎——"怀玉叹口气，伸出手来，连草籽儿带荞麦一齐撸，撸了半晌，连草籽儿都没有几把。瞪着眼儿再也找不到长荞麦的细枝，他将破布袋卷成长条儿，夹在胳肢窝里，继续向山上走去。

来到山口间一块林间空地，这儿是风口，风刮得他几乎站不住脚。

"风太大了，没准儿把网还刮跑呢。这网还张不张？既然来了，听天由命，还是张吧。"他嘟囔着，把布袋条儿放在地上，用石头压住，把网掖在腰间，抱住一棵摇晃得厉害的树身，噌噌噌向上攀爬。好不容易上到高处，骑在树杈上，靠着树身，刚从腰间扯出丝网，猛一阵儿大风，他急忙去抱树干，眨眼间，嗖地一下，那团网被大风刮走了，飞出树林，从山脊间豁口向山那面去了。他一惊，急忙从树上滑下来，没承想滑得太急，闪了腰，疼得厉害，衣服扣子全扯掉了，肚皮上也蹭破了皮，洇出血来。他咬紧牙关才忍住钻心的腰疼直起身来。风似乎更大了，要将他刮倒。他明白，即使赶到山口，也不会找到丝网的。他放弃了翻山找网的念头，跌跌撞撞向山下走去。疼得受不了了，他就靠着树干歇会儿。半个时辰的下山路,走几步停停,直到黑影儿下来他才赶回村子里。

"怀玉,你心可真大!"刚要进门,邻家大婶满手血污,正推门出来:"几拨儿人上山喊你,听不见?"

"呛风。怎、怎么了?我媳妇儿她……"他有点懵了。

见怀玉回来,蹲在墙根闷头抽旱烟的爹立起身来,铁青着脸,向屋中使眼色。

"你媳妇儿生啦!没听到哭声?是个妮子,人不大,声气儿壮着呢。"邻家大婶说。

怀玉这才从阵阵啸叫的风声中听到了婴儿的啼哭声。他顾不得看爹的脸色,咬紧牙关,快步冲进屋中,靠在黄泥墙上:"我回来了。"

看到媳妇身边用破布包着的孩子,他高兴地俯下身子,撕裂一般的疼痛让他的眉头皱成了疙瘩,额头的汗滋地就出来了。

"你、你怎么了?"媳妇儿侧过脸来,发现了他的异样。

"腰闪了。没、没什么。"他强忍着疼。

"闪了腰?怪不得她婶儿说这孩子……"媳妇儿别转脸,低低说。

"这孩子怎么了?"怀玉光顾着看破布包着的孩子,没有顾到媳妇儿的眼神。

"她婶儿说,她婶儿说……"

"她婶儿说什么?"

"九月二十九,两个九阳,命硬啊!刚生下来,头发黑漆漆的,还有这风大的,要把这屋顶掀了,我怕……"媳妇泪珠儿溢出眼眶。

"你怕什么?"

"孩子命硬,咱压量不住啊。"

"咱苦井里泡大的人,横竖受苦挨穷,再苦再穷还能成甚样儿?我啥也不信,啥也不怕,受多大罪咱们也要把孩子养大。"怀玉攥紧媳妇儿的手说。媳妇向他点点头。

这个邻家婶儿口中命硬的女娃子,名叫戎光秀。因为别人说她命硬,怀玉和媳妇给她起个小名儿,叫柔妮儿。再后来,因为山里口音的关系,别人记她的名字时记成了戎冠秀。

杨树壕满壕直溜溜的杨树,是麻野鹊、山雀儿等鸟儿的乐园,也是雕、鹫等鹰类的乐园。戎冠秀的爹,那个叫怀玉的汉子,自小农闲时到林子里张网捕鹰,特别是春秋交季时鸟类迁徙,山口中、林子里鹰也多,捕几只鹰,到集镇上换几个钱,接济一下生活;或者自己熬鹰,也就是翻来覆去把鹰训练出来,让鹰去逮鱼、抓兔子或其他鸟儿。怀玉腰闪了,上不去树,只得用鸽子做诱饵,在地面上张网捕鹰。这种捕鹰难多了,很久都捕不到一只。有一次,好不容易捉到一只,翻过几架山,到灵寿县的陈庄渔店去卖,却被人家坑了,只给了不到五分之一的钱。

杨树壕戎家祖辈贫穷。戎冠秀的叔叔戎荣子,实在活不下去了,就在一个风雪交加的夜晚上吊,被穷苦兄弟发现后救了下来。他却"怨恨"救他的兄弟们:"谁让你们救我哩?我活够了!"她叔叔才28岁,怎么能活够了呢?不是他不想活,实在是饥寒交迫,活不下去了。穷兄弟们给叔叔凑了一斗糠,可这一斗糠对一家老少5口又能顶什么用呢？叔叔又一次上吊，再次被救，叔叔悲愤地说："杨树壕没有我死的地方，我走！"一天大清早，他带着全家5口人出去讨饭了。五六天后，他被发现饿死在古榆树村的大街上。

戎冠秀是爹娘的第一个孩子，她下边，爹娘又生了戎光武、戎光耀、戎光英三个弟弟和一个叫"小妮"的妹妹，相邻两个弟妹间几乎都是相差两三岁，连同父母和姑姑全家8口人。戎冠秀出生时，爷爷还在，父亲之外，还有两个叔叔和一个姑姑。戎冠秀出生没几年，爷爷和三叔先后染病去世。因为家里穷得叮当响，还有个叔叔一直未成家。全家只有2间破房子、4分水浇地和3分祖坟地。父亲戎怀玉是个勤劳能干的农民，为了全家人糊口，租种了地主秃三海两面小山坡，每年交租子1石谷。全家人起早贪黑，忍饥挨饿刨坡地，种些土豆、玉米、苦荞，辛劳一年，到秋后除交租外，只剩苦荞等杂粮七八斗。遇到年古年景，交清人家，基本上就不剩什么了。一家人就是上山挖野菜，捋树叶，剥树皮，只要能吃的东西，都往嘴里扒拉，就是这样，肚子还是只能填个半饱。春秋过鹰的时候，他利用晚上时间到林子里张网套鹰，到冬闲的时候，还到山西五台下炭窑背炭，忍着腰疼，天天在鬼门关上走。母亲做豆腐，以赚些豆渣。光景能过下去，就正经不易了。

戎冠秀9岁那年春天，青黄不接，家里揭不开锅。有人介绍姑姑去给龙窝村一户地主家里当用人，爹和娘商量，家里这么多张嘴，整天对着爹娘喊饿要吃的，爹娘心里不是个滋味儿。爹娘就想着，甩出去一张嘴，别的孩子还能多吃上一口。于是，戎冠秀爹央求来人，看能否让大闺女戎冠秀和姑姑一块儿去。精明的地主算计一下，说带孩子来也行，挣了熟的就别挣生的了，意思是管两张嘴吃的话，就不给工钱了。父亲咬咬牙答应下来。于是，姑姑牵着戎冠秀的手，翻山越岭，从柳林河沟来到卸甲河沟，进了龙窝村的地主家里。戎冠秀爹让姑姑带着戎冠秀，本来是想让戎冠秀吃口饱饭，哪知道狠心的地主哪有那样的好心！他们看到戎冠秀实在太小，干不了重活，就横挑鼻子竖挑眼儿。地主老婆安排戎冠秀喂猪、刷锅、洗碗、扫地、洗衣服、劈柴，大清早起来就让干活儿，小孩子瞌睡多，戎冠秀打个盹儿，她看到了都大声吼叫，吓得戎冠秀胆战心惊。地主婆不让戎冠秀歇着，只要看到她屁股沾地儿，不是使脸色就是张口骂，做不完营生还不给饭吃。一次洗完两大盆衣服，戎冠秀刚要进厨房盛饭，却被地主婆堵在门口："白吃僧，就知道吃！猪还饿着呢，你吃什么吃！去，喂猪！喂不完猪别吃饭！"戎冠秀提着潲桶，一趟趟喂下来，别人早吃过饭了。她饿得头昏脑涨，看到泔水瓮里有半拉泡涨的饼子，捞起来就吃。正巧，被地主婆撞见了，地主婆劈手将她手中的饼子夺过来扔进猪槽子，甩手两个耳光，骂她大胆，竟敢偷东西吃！姑姑出去给东家买东西去了，戎冠秀还是个孩子，既无力还手又不敢还嘴，连哭都不敢。受了委屈的戎冠秀特别想娘，她想守在娘身边儿，就是饿死，也不愿意在地主家受气受罪了。她想回去找娘，就从地主家里逃了出来。从卸甲河沟到柳林河沟，要翻过山梁，深山野林，她一个才9岁的小姑娘一个人走，路上不时传来野兽的吼叫,肚子饿得前心贴着后脊梁。回到家里,刚喊一声娘,还没迈门槛,就瘫倒在地上。娘将她揽在怀里,眼里的泪扑簌簌流下来。弟弟、妹妹们围过来说,他们宁愿每顿少吃几口,求娘不要把姐姐送出去。娘安慰她:打今儿以后,哪儿也不去了……

从龙窝村回到自己家里以后,懂事的戎冠秀整天使劲儿帮着爹娘干活儿,带弟弟妹妹,上山捋树叶,挖野菜,摘野果,有了空隙还帮街坊拔草摘菜,打水推碾,搓麻绳,喂猪喂羊。邻居们有时给她一块土豆、一块饼子,或是端一碗稀饭,她都先给弟弟妹妹充饥。

到了冬天,父亲出事儿了。父亲上山砍柴,连冻带饿,身子一软,从坡上滚到沟里。天黑了父亲还没回来,母亲着急了,惊动邻家四舍进山找父亲。人们打着灯笼,摇着火绳上山,在名叫南窑凹的山沟里发现了父亲,他躺在那里不省人事。人们把父亲抬回家里,灌了一点开水,才苏醒过来。他满脸是血,衣服被荆棘挂成碎片,左胳膊摔成了骨折。无钱请医,只好找来一个牧羊工把父亲的胳膊接上。曾经摔伤的腰,经这一摔,更重了,不能下地干活儿,只得慢慢养着。

父亲这个顶梁柱一倒,家里的天算是塌了。父亲要吃药,十来张嘴得吃饭,小脚的母亲能有什么法子?母亲常常躲到没人的地方偷偷哭泣。

一天,戎冠秀背着一捆柴回来,刚要进家门,听到父母和一位大伯谈话。那大伯叹一口气:"唉,日子得过,一家人得活下去啊。

这也是没法子的法子,能过动,谁走这条道儿啊?"

"碰上年古人,还不定遭什么罪哩。孩子受罪,割当娘的心啊。前阵儿冠秀跟她姑姑去龙窝……"娘说。

"疼死算了,不看了,大不了腰折了……"爹靠墙坐着,咬一下牙想站起来。

"气话!你疼得叫唤,他们不管?我话撂这儿了,事儿你们拿。"那大伯起身要走。

戎冠秀走了进来,那大伯看她一眼,叹一口气,摇摇头走了。

戎冠秀似乎明白了些什么。她放下柴捆,走到娘跟前:"娘,爹,听大伯的吧。"她娘的泪汩汩流了出来。

就这样,生活不下去的父母答应将戎冠秀卖给沙坪村李永吉家做童养媳。农历腊月二十三写卖身婚约。一岁一吊钱,戎冠秀正9岁,卖了9吊钱。就是这能买两袋玉茭子面的9吊钱,帮戎家度过了难过的年关,父亲的腰病缓和了,严酷的春荒也总算过去了。

1911年11月17日,是戎冠秀出嫁的日子。母亲把她叫到跟前说:"你跟着娘整天挨饿受冻,连一顿饱饭也没有吃过,到了婆家要听话,好好过日子。"母亲给她熬了两碗苦荞粥,煮了几块山药蛋,让她吃顿饱饭,将她送到了沙坪;把一身蓝色粗布衣服和一张印花粗布破被子做嫁妆。就这样戎冠秀离开娘家,到了婆家。

戎冠秀的婆家沙坪在柳林河东边的文都河沟里。文都河是滹沱河的另一道支流。距这道沟沟掌20多里处,文都河拐了个弯儿,河北面山脚下，坐落着钓鱼台村，东北方向2华里处，是钓鱼台的自然庄沙坪，戎冠秀婆家所在的村庄。

嫁过去后，戎冠秀慢慢才知道，婆家看上去还算能过，可是除了自己一丁点儿薄地，主要是靠租种南段峪村杨平、元坊韩英两家地主的地种，除了交租子，刚刚能剩下口粮。戎冠秀的男人李有是个勤劳忠厚的庄稼人，公爹李永吉却是个好逸恶劳的"耍钱鬼"，以前偶尔玩一玩，后来越陷越深，天天必赌，逢赌必输，越输越赌，越赌越输。

1914年，全家仅有的8间房子7亩地都折卖替公爹还了赌债。一家人房无一间，地无一垅，没有落脚之地。无奈，又租了钓鱼台胡展家12亩山坡地。二三月里下了点雨，戎冠秀一家忍饥挨饿，东挪西借，总算把所有的地补上了种。春天过后，天再没掉下一个雨点儿，庄稼旱得能点着火。戎冠秀怀有身孕，吃不上喝不上，还得上山挖野菜。有时饿得眼冒金星，一屁股坐下就起不来。就这，地主还来讨债逼租，戎冠秀实在忍不住心头的火，说："都快饿死了，还逼，还叫人活不活啦？"

"种地就得交租，爱死爱活碍我什么事儿？"地主冷冷地说。

"逼死了也没有。"戎冠秀把地主顶了回去。

地主没想到戎冠秀敢顶撞他，心里窝火，就在背后嚼她的坏话："生下来就克父，家里不敢留了才把她送到沙坪来。""那命硬的，谁沾谁倒霉！可不,小小年纪就给亲弟兄们撵出来了。""败了娘家，又来败婆家来了。"

婆婆是个满脑子迷信思想、愚昧无知的农家妇女，听了外面的风言风语，就疑神疑鬼。九为极数，除非帝王之家或大富大贵之人，一般人压量不住，不克自己就克家人。戎冠秀生于农历九月二十九日，占了两个九，那命是真硬——上克父母，下克夫子。戎冠秀的头发长得又黑又硬，足有三尺长，两把粗，大发髻高高耸挽在脑勺，婆婆看着也不顺眼：

"唉！头发过了三尺，粗到了一把，真是穷命啊！"

戎冠秀把头发一甩，倔巴巴地说："是这世道，怪头发做甚！"

富人长指甲，穷人长头发。婆婆自认为家里的霉运都是因为娶了戎冠秀，公公输了钱，婆婆也记到戎冠秀头上，张口就骂："自打你来了后，家里就没有一天顺过！败了娘家败婆家，天生的穷鬼，贱命！"糊涂的公婆把戎冠秀4人赶出了家门。

"你把我老女归宗吧。连带你们被赶出来⋯⋯"戎冠秀对李有说。

"瞎说！我不嫌谁也别想赶你走。穷怕什么？老天饿不死瞎眼的雀，咱穷人有穷人的活法儿。"丈夫李有安慰戎冠秀。

旧社会重男轻女，戎冠秀第一胎生的是个男孩，取名聚金。聚金早早断了奶，最难的时候，家里3个月不见一颗粮食籽儿，整天吃野菜、树叶儿⋯⋯有时，孩子饿得抬不起头、睁不开眼。聚金刚满3岁时，戎冠秀又怀了二胎，婆婆嫌大肚婆吃得多，为吃饭经常跟她生气。二儿子出生后，苦难的日子雪上加霜。约一年后，二儿子因家中无粮长期断炊，竟然趴在炕头活活饿死了！孩子临死前想吃一块糠窝窝也没吃上。丈夫找片破席，刨了个土坑儿，埋葬了孩子。作为一个母亲，戎冠秀的泪往心里流，孩子的死让她终生难忘!

戎冠秀吃的是猪狗食,干的是牛马活,穿的也像叫花子一样。那时候妇女都缠足,一天,戎冠秀的裹脚布破得实在不能用了,想跟婆婆要一副裹脚布,没想刚一张嘴,就被婆婆大骂一通。晚上戎冠秀把此事告诉李有,并把被沙子磨破的脚让李有看。

李有觉得过意不去,便将自己积攒的7吊钱交给戎冠秀,说:"你到娘家去,让你兄弟给你买几尺布吧。"戎冠秀把新买的布裹在脚上后被婆婆看见,硬说她偷了家里的布,不容分说,用麻绳蘸水打得戎冠秀遍体鳞伤,戎冠秀不吃不喝卧床数日。有一天夜里,戎冠秀翻来覆去睡不着,思前想后觉得没有出头的日子,便决定自尽。她拿了一条绳子拴在屋梁上,把脖子一伸上了吊。李有被响声惊醒,一摸身边没有了戎冠秀,赶紧点灯,一看戎冠秀吊在屋梁上,急忙下炕,解了下来,经过急救才苏醒过来。

不久,糊涂的婆婆不停地闹着要分家,硬是把他们和弟弟李才弟媳娥娥分开了。公公和婆婆住正房,他们和弟弟各分到一间东房。八斗杂粮、一个破锅、一个木瓢、三个土碗,这就是他们的全部家产!

1921年农历九月她又生下了三子存金,1925年又添了四儿子兰金,到了1927年春天,戎冠秀怀着荣花的时候,一个晴天霹雳把全家人都震惊了!那天,当村一个姓展的壮年汉子突然找上门来,宣布要收他们的房子,她和李有这才知道,公爹长期赌博,加上抽大烟,债台高筑,已把现在居住的所有房院和田产,全部折价抵了赌债。戎冠秀要生孩子,大人孩子要寻住处,在全家人的百般央求下，人家才宽限了他们的腾房时间，但讲定年底前，全家一定要彻底搬清。

当年秋收以后，李有把打来的粮食，连背带扛，一袋袋交了租子，家里的墙角只剩下一斗谷子，一斗二升玉茭子。戎冠秀知道这是全家的救命粮。全家6口人，剩下的一点粮食，按人头算每人才十多斤，可离过年还有3个月，这百十来天可怎么熬？年底将近，全家人已没了住处，戎冠秀身怀六甲，到哪儿去生产？

后山梁上长工屋

一家人在沙坪几乎生活不下去了。

"人挪活树挪死,咱不能在一棵树上吊死。实在不行,咱们换个地方过日子。"一天,戎冠秀和李有道出自己的心思。

"搬家?往哪儿搬?大大小小6张嘴,吃什么,住哪儿?出了咱村,人生地不熟,两眼一抹黑。说搬就搬,哪是一句话的事儿?"李有深吸一口旱烟说。

戎冠秀默不作声了。丈夫的话不无道理,一家人搬迁的确不是小事,可不搬,眼瞅着日子没法儿过,咋办?搬,又该往哪儿搬呢?

"有了合适的地方再说吧。"李有叹口气。

"我试试看吧,看能不能找一个打工的人家。"戎冠秀最后说道。

从这天起,她长着心眼儿四处打听,不久,还真得到了一个信儿,下盘松韩怀英家要雇一位女用人。她急忙把这消息告诉李有,让他赶快去联系一下,看全家人随迁过去行不行。李有费了一天工夫去问,人家答复只雇用戎冠秀一人,其他人能给安置住处,至于土地可以租种。戎冠秀毫不犹豫,当即拿定了主意:

"到了这份儿上,咱还挑剔个啥?拾掇拾掇走吧!"

1928年秋末的一天,戎冠秀一家道别了兄弟妯娌和众乡亲,洒泪踏上了通往下盘松的山间小路。

李有躬身背着口破锅在前边带路;14岁的大儿子聚金扛条破被紧跟其后;8岁的二儿子存金拎只破碗尾随着哥哥,眼睛不时茫然四顾;戎冠秀身背只有5个月的女儿荣花,拉着4虚岁的三儿子兰金走在最后。天气过午,一家老小6口人终于走完漫长的30多里山路,来到村南流淌着一条小河的下盘松。刚进下盘松村,老天下起了大雨,他们躲在一个大户人家的门洞里避雨。这户人家是村里的地主。戎冠秀孩子饿得哭了起来,惊动地主家的狗吠叫起来,地主出来,一看是穿着破破烂烂的一群叫花子,就呵斥道:"谁让你们进来的?到外边儿哭去!"

这一呵斥,吓得孩子哭得更厉害了。

戎冠秀求地主看在小孩子的份儿上,让他们避避雨,他们避避雨就走。

地主看看哭得厉害的孩子,烦心地喊:"滚!不走放狗咬你们!"

李有还要和地主辩解,倔强的戎冠秀拉起他的手就走。

正不知往哪儿去的时候，他们遇到了穷人郝明秀，郝明秀看他们可怜，把他们领到了自己家里。

大雨过后，见了东家的面，天差不多要黑了。韩姓东家打发人带上他们去认住处。来人领上他们绕来绕去，一直走到村北边的后山梁。望着嶙峋的山石、满山遍野的灌木败草，戎冠秀和李有感到十分奇怪，正待张口要问，来人收住脚，指指山腰几捆挤靠在一起的秫秸说：

"到了，就那儿。"说完，掉头便走了。一家人纳着闷走上前来，动手搬开一捆捆秫秸，这才看清眼前五间间道极窄又简陋不堪的破瓦房，灰头土脸，破壁残瓦——这就是东家事先答应给找的住处。后来才知道，韩家先前雇的长工们就住在这里，人们都把这里称作"长工屋"。

空空的房间什么家具也没有，土炕上塌了几个窟窿，房顶好多地方还漏雨。李有有点失望，聚金和存金神情沮丧，颇有些埋怨似的望着母亲。

戎冠秀把荣花放在一片草秸上，似是在意料之中，苦笑了一下，招手对李有道："还傻愣着干啥？好赖是个家，这儿就是咱的新家了，收拾吧。"

听说后山梁"长工屋"新搬来一户人家，下盘松的许多乡亲好奇地前来探望。见他们缺吃少穿，家徒四壁，连必要的生活用具也没有，大伙心照不宣，你一件我一件帮着凑补。黑娃娘拎来只水瓢，宋红的老婆也拿来只水瓢，赵忠的媳妇送来了豆荚和锅盖，李林妮送来菜刀和孩子们的旧鞋。

戎冠秀和李有加上聚金、存金，上房清理瓦缝中的浮土和树叶杂草，坏瓦没得换，就从坡上割茅草，在房顶铺上一层层厚厚的茅草以减少漏雨；黄土加上茅草，和泥堵窟窿，抹墙壁，修土炕。一家人全上阵，破败的"长工屋"，经过加工修补，能遮风挡雨，可以住人，有点家的样子了。

戎冠秀到韩家打工，经人说合，李有租种了韩家10亩地，就这样戎冠秀一家在下盘松安家落户了。

韩家是大户，老老少少20多口人，分派给戎冠秀的活儿，几乎包揽了家里的大部分营生。一日三餐，刷锅洗碗，扫地擦桌子，拆洗被褥，推米磨面，喂猪喂鸡。好在戎冠秀自小吃苦惯了，磨就了一身韧性，活再多，也毫无怨言，每样活儿都干得有条有理。

每天早上，天不亮，便翻身下炕，先手忙脚乱地为李有和孩子们做好饭，再按点匆匆赶到韩家，劈柴、生火、打水，开始一天繁重的劳动。而李有和聚金哥弟仨，每天醒来后往嘴里扒拉两口饭，背起镢头、铁锹等农具就上山盘坡地垦荒，为了抢时间，甚至带几个煮山药蛋当干粮，中午在地头将就一顿，到太阳落山才回来。

女儿荣花还是几个月吃奶的孩子，戎冠秀不得不狠心将她丢在家里。经东家许可，戎冠秀每天只能抽空回家喂孩子两次奶，快去快回，不能误了活儿。有一次，她给东家磨面，中间除做了顿午饭，从早上一直磨到下午三点，扫着扫着碾盘，她这才突然记起，今儿只顾磨面，忘了回去喂孩子奶。她心急火燎地赶到家里，只见荣花早已从炕上摔了下来，哭得没劲后，在墙角蜷缩着身子睡着了。泪水霎时涌出眼眶，戎冠秀心中愧疚万分，哆嗦着手把孩子抱起来，孩子睁开了小眼，她再也禁不住，呜呜地哭了。喂过孩子，她还得到东家干活呀！她要离开，荣花使劲儿牵住她的衣襟不撒手。她狠狠心，将小荣花的手掰开，扭头离开。荣花哇哇地哭，戎冠秀的泪也扑簌簌滚出眼眶。

还有一个冬天，戎冠秀从东家回来，一看炕上不见了荣花，大吃一惊，紧步向炕前走去，脚下一绊，低头一看，自己差点踩到了荣花！原来荣花会爬了，从炕上爬到了地上，伸手将晚上取暖的火盆子扒翻了，滚了一身柴灰，应该是哭累了，又睡了过去。多亏了晚上烧的火盆里没有了火，要是有火……戎冠秀想想都觉得后怕。

要活着就得吃饭，就得去干活儿，万般无奈，她找来一截绳子，把女儿拴在窗棂上，一咬牙，又狠心走了。听到孩子哇哇大哭，她泪水不止，心如刀绞：荣花啊，娘对不住你，你别怪娘狠心啊。

1931年是他们移住下盘松的第三个年头。除了戎冠秀当用人，李有租种韩家的一块山坡地，他们在山坡开辟了自家的一块薄地。聚金和存金也能干活了。因为全家人的勤劳，日子也能勉勉强强凑合着过了。

当年12月，戎冠秀向东家请假回胡塔沟探望生病的母亲，回家后次日早上，她正巧遇上乡邻三婶儿，三婶儿生了个孩子要抱到山沟里扔掉，戎冠秀惊得瞪大了眼："好好的孩子，咋要丢掉？"三婶儿长叹一声，泪珠扑噜噜落下来。戎冠秀撩开襁褓的蒙头布，张眼一望，只见女娃细皮嫩肉模样还俊，想想孩子就要扔进山沟被狼吃掉，心头一热，禁不住道："三婶儿，孩子是你身上掉下来的肉，好赖是条命，活生生扔了，你就一点儿也不心疼？"

三婶儿眼圈儿一红："但凡有一点法子，谁舍得？"

戎冠秀瞅瞅孩子，叹口气："三婶儿，送我吧，我把她养活大。我家穷，仨小子长大了，不一定都能说上媳妇，我把这女娃奶活大了，就给我老三做个媳妇，年龄差6岁，也使得，你说行不？"

"娃儿命不该绝……"三婶儿觉得戎冠秀说得有理，最后，不但同意给她，还答应为她再喂养一年，等孩子彻底喂活，再让她抱走。

一年后，戎冠秀如约将孩子接了回来，起名喜花，贫穷的家庭又添了一张嘴。

年复一年，岁月轮转，深长的皱纹爬上戎冠秀的额头，一双女人的手也在无情的岁月里磨得骨节突出、粗大有力了。刨野菜、捋树叶、垦荒、做工……戎冠秀一家来到下盘松已7年有余。看着个头一天天大起来的孩子们，戎冠秀和李有无时不为全家人的衣食发愁。和从前比，日子凑合着算能过，可仍然是在饥寒交迫的贫困线上挣扎。

土屋见红旗

戎冠秀自从迁居下盘松,虽然生活稍有好转,孩子们一年年长大,但因5个孩子连她和李有7口人吃饭穿衣,生活仍然十分困难,全家人在半饥半饱中挣扎度日。白天劳累了一天,晚上夫妻俩蜷缩在炕上,或围坐在如豆的油灯下熬夜时,常常念叨:"老天爷啊,老天爷,何时穷人才有出头之日?何时穷人才能活得像个人样?……"

夏夜,萤火虫悠闲地飞舞,山顶的星星不停眨眼。孩子们撂下饭碗到村里玩耍去了。当屋前燃着蒿子火绳,戎冠秀和李有坐着纳凉闲聊,这时,听到山路上传来走路声。他们住在离开主村的山坡上,大白天的都没有个串门的,这黑天摸地的,谁会来呢?戎冠秀和李有起身去看,原来是村小学教员冀时新老师。冀老师1935年调到盘松小学,人特别和蔼,特别是见了穷苦百姓,都打招呼说话，一点儿教书先生的架子都没有。戎冠秀问冀老师来意，冀老师说，他是来动员戎冠秀家三儿子李兰金去学校读书的。看到戎冠秀有些吃惊，冀老师解释说，不要担心学费，兰金去念书，白读，一分钱不要。戎冠秀和李有觉得是喜从天降，连忙表示感谢。

随后，冀老师问寒问暖，和他们山南海北闲聊起来。聊来聊去，最后讲到了共产党和陕北红军打土豪、分田地，领导穷人闹翻身的事，戎冠秀听得着迷，忍不住瞪大眼睛问道："先生啊，你讲的这些可当真？"

冀老师肯定地回答："这哪儿能有半点假，都是实事啊！"

戎冠秀迫不及待地问："那，啥时候，红军会来咱这穷山沟？"

冀老师充满自信地回答："耐心等待吧，这一天很快就要到来了。"

这是戎冠秀第一次听到革命道理，她还不知道，在村里的自然庄——湾子设立的"湾子小学"工作的冀老师原来是位地下共产党员，教书之余，经常抽空为乡亲们讲些共产党领导穷人闹革命求解放的道理。

自那天以后，冀时新就经常来到戎冠秀家没有围墙的小院里，天不冷的时候，就在土屋外面，到冬天的时候，就进土屋，坐在当屋中间，帮着剥豆子、揉玉米粒儿、切萝卜条儿，边干农活儿边给他们讲全国的革命形势，讲共产党和工农红军的革命斗争。戎冠秀听冀时新讲了许多她不知道的事儿，觉得他讲得特别在理儿。她觉得这个识文断字的教书先生和受苦人的心贴得特别近，有什么心里话也愿意向他掏。

渐渐地，李有、韩存印、韩存智等一帮子穷苦人有事没事儿就经常找冀老师歇会儿，听冀老师讲天下形势。他们特别喜欢听他讲穷人闹翻身的事儿。李有不管是在耙地还是锄草，别人来叫他，只要说是找冀老师，手头的营生再忙，扔下家伙就走。戎冠秀追着问他去干什么，他支支吾吾不说清楚。回来以后，经常讲些南方和陕北穷苦人闹翻身的事儿，还讲日本鬼子侵占东北等国家大事儿，也讲一些穷人该团结起来和欺压他们的地主老财做斗争的道理。戎冠秀听得很在理儿，就问李有从哪里听到的，李有含含糊糊不说明白。戎冠秀猜个差不多，就再追问，是不是冀时新给讲的，李有不说是也不说不是。后来，郝明秀、宋文、宋贵英等经常凑到戎冠秀家的长工屋里集会，很多次，郝明秀让戎冠秀在外面瞭着点儿，别有可疑人过来。戎冠秀虽然还不完全清楚他们在一起鼓捣什么，但知道他们肯定不是干坏事儿，就主动承担起给他们站岗放哨的事儿。当地的地主怕南方的共产党传过来，发动穷人跟他们做对，就很警惕，召集当地几个地痞二流子，让他们察访当地有没有共产党的活动。有一次，党组织在北沟开会，戎冠秀在沟口的一块大石头上纳鞋底儿，防备可疑的人。本村一个年轻的二流子走了过来问她："你家李有呢？"戎冠秀说："坡上盘地了。""去哪儿了？""不知道。""去哪道沟里了？"戎冠秀立起来，声音很大地说："都说了不知道，还问！要问你找李有问去！"二流子被戎冠秀呛白，灰溜溜地走了。

戎冠秀移住下盘松的最初9年间，正是国民党反动派磨刀霍霍杀向共产党、白色恐怖笼罩全国的时候。中国共产党在南昌打响反抗国民党反动派血腥统治的第一枪,创建中国工农红军和红色根据地,五次反"围剿",万里长征北上抗日,将中国革命中心转移到陕北。此间,蒋、冯、阎中原大战,平山"城头变幻大王旗",各路军阀你来我往。兵匪劫掠,生灵涂炭,苛捐杂税,劳役苦力,通货膨胀,民不聊生。1931年7月,于光汉在平山建立中国共产党组织,发展以小学教员等为主的党员,这些党员分散到全县各地进行革命活动,冀时新就是其中的一个。

1937年7月7日,平型关大捷后,八路军各部分兵创建根据地,其中一部分,分别在聂荣臻、罗荣桓、徐海东、黄克诚的率领下,陆续进入平山与山西搭界的一带地区扩军、休整。9月28日,120师359旅王震旅长率部30余人来平山了解情况,向县委同志传达了党中央关于开展敌后游击战争、创建抗日根据地的指示,随后,离开平山,派刘道生、陈宗尧带领"717战地救亡工作团",包括教导队、警卫队、火线剧社约300人,来平山扩军,开展工作,创建根据地。

该团从山西五台地区出发,一路跋山涉水,风餐露宿,首先辗转到达平山西部山区小觉镇,10月4日,沿弯弯曲曲的滹沱河向东,进入平山腹部重镇洪子店。他们与平山县委、冀西特委及时取得联系,当夜召开联席会议,共同决定,由八路军与地方党员干部共同组成十余个扩军小组,迅速分赴全县各地发动群众,开展工作。很快,红红绿绿的传单撒向平山纵横交错的沟沟岔岔,滹沱河沿岸大大小小的村庄迅即开展了发动群众、组织群众、扩大武装等一系列的抗日救亡工作，农民抗日救国会（简称"农会"）、工人抗日救国会（简称"工会"）、青年抗日救国先锋队（简称"青抗先"）、妇女抗日救国会（简称"妇救会"）、武委会、游击组、模范队、儿童团等的抗日救亡团体应运而生。11月份全县分片建立了7个区委会和区公所，戎冠秀所在的下盘松属孟家庄区管辖，区委刘廉明同志来到下盘松开展工作，他首先发展党员建立组织，发展了李有、宋贵英、韩存印、韩存智、宋文、郝明秀（女）等人为党员，建立了支部，同时把农会的牌子挂了起来。"打倒日本帝国主义！""抗日救国收复失地！""有人的出人，有力的出力，有粮的出粮，有钱的出钱！"口号声响彻云霄，下盘松的人民群众和其他村庄一样，投入了抗日救国的洪流。戎冠秀听说八路军就是当年的红军，是共产党领导的队伍，来到下盘松是为了发动群众抗日救国，帮助穷人闹翻身的，她坐不住了，走出屋门参加了妇救会，投入了轰轰烈烈的抗日行列。

深山沟里的下盘松村，以往寂静的小山村，传出了扣人心弦的抗日救亡歌声，大家时常开会讨论国家大事，听八路军和县里的人宣传抗日道理。最令戎冠秀感到自豪和高兴的是，自己的丈夫、时值壮年的李有被大家推为村农会主任，此前，她只是一个普通的好心肠的农村妇女——把操劳全家的衣食，侍奉公婆、丈夫，照料孩子作为生活的唯一目的。这时，她从八路军、区干部和大家的言行里，判断出八路军是真心实意打鬼子为了百姓的军队，于是，脑海深处沉睡了多年的渴求平等幸福的梦想被唤醒了。一时，好像变了个人，再也坐不住了，立即随夫投入到各种抗日救亡工作中。

地处平山穷乡僻壤的妇女姐妹，因长期受封建道德观念和传统习俗的束缚，祖祖辈辈养成了这样三个习俗：一是女人从不抛头露面，大门不出，二门不迈，整天待在家里，操持家务，做针线活儿；若是结了婚，要一心一意侍候男人，抚养孩子，见世面少。二是姑娘们时兴留长辫，媳妇们习惯盘发髻，长辫短的抵肩，长的过腰，发髻小如拳头大如布包，辫越长，包越大越好，但梳洗起来费时费力。三是妇女还实行裹脚（缠足），在很小的时候，由娘或其他长辈，强行将好好的一双脚板扭曲，用布硬缠成"三寸金莲"，不用说劳动，就连走路都十分困难。小脚妇女裹足不前，说的一点不差。为了解放妇女，发动妇女参战支前，上级党组织在大力扩军和建立各种抗日组织的同时，提出了妇女要解放，要剪发，要放足，要走出家门。

八路军和区里的同志听说了戎冠秀的苦难出身，见她通情达理、性格泼辣，随即交给她一项重要任务，当得知是动员村里的妇女姐妹放足剪头发时，她不禁呆住了。绝没想到会是这样一个任务！不由想起出嫁时，母亲为她亲手第一次盘起的发髻；想起丈夫在集上为她扯回裹脚布，为此，她不知挨了婆婆多少骂！

在场的一些群众，听说要戎冠秀带领大家放足剪头发，私下议论纷纷、不停嘀咕：

"剪了长辫，放了足，不裹小脚，男不男女不女像个啥？"

"自古道'三寸金莲'，谁不知道女人的脚越小越好看，越小男人越待见（平山话，'喜爱'之意）。"

戎冠秀疑惑不解地望着区里的同志："为啥要放足剪头发？这……这也叫任务？"

区里的同志抚掌大笑，说："好，问得好！现在我就把为何放足剪头发的道理说给你和大家听。"

说罢，扬眉摇头，竟然用不高不低的声音唱起不知从哪儿学来的一首劝妇女《剪发放足歌》：

> 一劝妇女要剪发，
> 又好梳来又好刮，
> 没有虱子烂头发。
> 二劝妇女要放脚，
> 又能跑来又能跳，
> 鬼子杀不了。

这首剪发放足歌通俗易懂，简明上口，戎冠秀是个明白人，窗户纸一捅破，哪还不懂其中的理！不等歌子落音，她便一摇一摆跑走了。人们如堕云里雾中，当时村里刚刚开完农会成立大会，村前的空地上聚了很多人，大家七猜八测，可谁也没想到，她很快又返了回来，头上那鼓鼓囊囊留了20多年的发髻包不见了！她站在大家面前，也不知从哪儿来的胆量，勇敢地面对着在场的乡亲们，脸憋得红扑扑的，毅然朗声说道："方才，大伙儿都听到了吧，区里这位同志的歌儿唱得多好啊！这一唱可把俺心里唱亮堂了。留长辫儿裹小脚可有个啥好处？剪就剪，放就放呗，不疼不痒怕什么！俺也不想说大话，辫子刚才俺回家剪了，俺现在当着大家的面，干脆把脚也一起放了算了！"

说罢，又大声道："俺也40挂零的人了，有啥害羞害臊的？"

她随即弯腿一屁股坐在地上，扒掉鞋子，将细长的裹脚布一圈圈解开，双手来回一扯撕成几段，一把扔在地上！然后，利索地把鞋子穿好，这才站起身来爽朗笑道：

"大伙儿看，这有多利索！缠成尖尖脚，走不远跑不快，鬼子要是真来了啊，只有挨刀和被糟蹋的份儿！大家就听区里同志的话，让自己的老婆孩子大娘大婶赶快剪辫子剪发髻放足吧！"

戎冠秀的行动和朴实的话语，对全村人震动很大。

一直闷声不语心却揪得紧紧的李有，此时才松了口气，心里直喊："哎哟，你这个泼辣货，冻坏了脚可咋办？"

区里的同志大为感动，对戎冠秀破天荒的勇气和开明的见识极为赞赏，疾步上前，一把抓住她的胳膊，激动地说："大嫂，谢谢你，我代表党组织谢谢你！你可是为我们的妇女工作带了个好头！"

不久，戎冠秀加入村里刚刚成立的妇救会。在李有的支持下，她一不做二不休，在以后几天时间里，挨家逐户上门讲道理做工作，腿儿跑细了，嘴皮磨薄了。在她的带动下，一部分妇女剪掉了辫子发髻。但仍有一部分家长搞不通，戎冠秀走东家串西家说服动员。韩白妮的母亲特别拧，说啥也搞不通，戎冠秀三次上门动员，才同意白妮剪发，在戎冠秀的带动和说服动员下，全村妇女一个不留地全剪了发。妇女放足，更是一项艰巨的工作，参加儿童团的女孩子和一些青年妇女，被裹脚布缠得疼痛难忍，哭哭啼啼。有的儿童团员对戎冠秀说："我们愿意放足，可是爹妈不同意该怎么办？"戎冠秀安慰她们说："人民政府和妇救会给大家做主，还有我呢。"村里开会，不管大会小会，戎冠秀就带领大家唱那个《剪发放足歌》，谁家女孩儿剪发了、放足了，戎冠秀就夸奖；谁家当娘的封建，不开窍，阻止孩子放足或剪发，戎冠秀会找到家中，反反复复讲剪发放足的好处。这样，有人开头以后，一带二、二带三，一些顽固守旧的家长，看到别家孩子都剪了头发也不裹足了，也悄没声儿给自家闺女剪发放足。这样，村里的大姑娘、小媳妇等，在她苦口婆心地劝说下，儿童团员和青年妇女几乎一个不落、先先后后全剪了发放了足。放足剪辫子，自由找汉子，在戎冠秀的带领下，被束缚多年的妇女们获得了解放。这为以后妇女支前救护伤员，抬担架，掩护护理伤员，运送物资以及在反"扫荡"中和敌人转山沟绕山梁，打下了坚实的基础。

孟家庄区的同志闻讯，高兴地议论道：这下可好啦。下盘松一带头。周围村庄的妇女工作迎刃而解，很快就会赶上去。

这时，郝明秀当上了区干部、下盘松村的妇救会会长。一天，戎冠秀和郝明秀一块儿洗衣服。郝明秀笑着问戎冠秀："有嫂，你伺候地主这些年了，你愿意随他们吗？"

"我死也不随他们！"戎冠秀瞪大一双眼，认真地说："他们是地主，咱是穷人，两条山道上跑的驴——拢不到一块儿！"

郝明秀咯咯地笑了，又说："那你随了我们吧！"

"我不早就加入了你的妇救会了？"

"不，我说的是共产党。"

"哦，你是共产党？"戎冠秀惊异地瞪大眼，像不认识郝明秀似的，过了一会儿，戎冠秀问："共产党，都干什么？"

"共产党领导全国人民抗日打鬼子，帮助穷人闹翻身，求解放。等把鬼子打出去，还要建设社会主义和共产主义的新中国，让人人有饭吃，有好日子过。"

戎冠秀热切地说："那我就随了你们吧！"

"你认定了？"郝明秀问。

"认定了！把我的骨头烧成灰，我也要跟着共产党走！"

1938年2月，在戎冠秀住的小黑屋里，北墙上挂起一面党旗，戎冠秀跟着郝明秀直溜溜地站在党旗下，举起右手，激动的声音颤抖抖地："……不投降，不妥协，跟着共产党干一辈子革命！……"宣过誓，她张开胳膊，与郝明秀紧紧拥抱在一起，喃喃说道："我现在是党的人了，党叫干啥就干啥，党要命，我也舍得给……"亮晶晶的大泪珠儿，成串成串地流下来。戎冠秀很坚强，再苦再难的日子，她从未在人前落泪。现在，她在自己的同志面前哭了。因为，她终于抬起了头，成为一名能够带领穷苦人闹翻身、求解放的共产主义战士。

让她兴奋的是，原来丈夫李有早就是党里的人了。她和李有说："你嘴可真紧，原来你早就是党里的人了，也不给我透个口风。"

李有说："上瞒父母，下瞒妻儿，这是党的纪律。"

不久，戎冠秀接替郝明秀担任了村妇救会会长，还担任了交通站副站长，肩头一下挑起了两副担子。开党会、听党课，办理党交给的各项具体工作。在一次次与上级和党组织的密切接触中，她心中未知的一扇扇窗户被打开，眼界变宽了，对党、对抗日救国大道理的认识也逐渐深入。

山洞母子情

1941年8月,华北日军纠集了兵力,对我晋察冀边区北岳区实行了毁灭性的秋季大"扫荡"。边区军民在上级党的领导下,针锋相对地开展了反"扫荡"斗争。

戎冠秀接到区上通讯员的紧急通知,知道敌人要来搜山,马上与村干部商量,做好各项准备。戎冠秀负责组织群众坚壁清野,连夜把给八路军保存的缝纫机等物资运到村外野地里,有的埋在地下,有的藏在山洞里,并进行了伪装。紧接着又把群众的粮食、用具,甚至连门窗都卸下来"坚壁"了,整整忙了大半夜。天快亮时,从远方传来了枪声,戎冠秀又把全村的群众转移到坟沟的一个大山洞里。她嘱咐大家:"别乱走,好好待在洞里,我到山顶上看看。"

戎冠秀到山顶眺望,见东、西、北三面山上的"消息树"都倒了,知道敌人是从三面来的。正在这时,忽然听到北面后花木村方向传来了激烈的枪声,沟底腾起股股浓烟。后花木村住着八路军的后方医院,戎冠秀不禁为那些伤员担心起来。她猛然看见后花木通往下盘松的山间小道上,一棵小树晃悠了一下。再仔细看,有一个人朝下盘松方向走来。戎冠秀立刻警惕起来:"这是个什么人?他来干什么?"她伏下身子,利用山石树木隐蔽,悄悄向那人靠近。不一会儿,她看清了,来人走起路来跌跌撞撞,身穿灰军装,佩戴八路军臂章。她断定是自己的同志,便压低了嗓门喊:"同志,同志!"说着,迎了上去。原来他是花木医院的伤员。戎冠秀告诉他:"不能再往前走了,前边有敌情。"伤员告诉戎冠秀,敌人袭击了后方医院,同志们经过激战,掩护伤员们转移,他因为患疟疾打摆子,掉队了。戎冠秀知道鬼子正朝这边围过来,就对伤员说:"快跟我来!赶快隐蔽。"伤员患病,身体虚弱,她就让伤员将胳膊搭在她的肩上,她扶着伤员向前走。紧走一阵,来到掩藏群众的大洞前,刚要进洞,戎冠秀想:"大洞人多,群众觉悟不齐,万一被敌人发现,不保险。"她又扶着伤员向更深的山沟——小西凹走去。那里有个秘密山洞,比较隐蔽。悬崖峭壁之间,不是乱石就是荆棘,有了陡坡,伤员几乎全身的重量都压在戎冠秀身上。正艰难行走,忽听枪响,他们回头朝沟口望去,沟口对面上盘松山顶上也出现了敌人。戎冠秀手指了指崖跟的一片灌木丛,对伤员说:"你蔽一下,我去看看。"她爬上一处高地,看准沟掌的山顶上确实没有敌人,才返了回来,继续扶着伤员向前走。到了一个山崖下边,她用手一指说:"到了,这儿有个洞!"伤员抬头望去,只见悬崖上凸出一块卧牛大石,石下有个像鲇鱼嘴一样的山洞。伤员走到崖下,站稳脚跟伸出双臂想爬上去,但因为崖壁陡,洞口高,怎么也爬不上去。戎冠秀又怕伤员脚下蹬空跌下深谷,便蹲下身来,对他说:"踩我肩膀上。"伤员看看50来岁的戎冠秀,不肯上,戎冠秀着急地说:"还等什么,快上!"伤员激动地含着眼泪,踩住戎冠秀的双肩。戎冠秀告诉伤员两手好好扶住崖壁,然后,她憋足了一口气,慢慢地站了起来,把他顶起来,让他爬进了山洞。这时枪声越来越密,也越来越近了。伤员探出头来,要戎冠秀赶快隐蔽。戎冠秀说:"记住,无论外边发生什么情况,别动!"说罢,用手将上山时踩倒的草扶了起来,做好伪装,看了看不显痕迹,然后,她才找到一处能看到洞口的高地,瞭望敌情去了。

日伪军冲进下盘松村里。因为戎冠秀他们及早坚壁清野,敌人一无所获,便开始搜山。日伪军因地形不熟,搜了几条山沟,还是什么也没有找到,到太阳落山,怕中了八路军的埋伏,慌忙撤退。敌人在撤退的路上,还踩响了我游击队埋的"铁西瓜"。

戎冠秀从大洞中叫出群众后,去小洞里将伤员接出来,让他留在下盘松养伤,伤员说:"不了,我得回医院去,同志们还不知道我怎么样了呢。"也许是休息后体力恢复了,伤员不再打摆子了。戎冠秀见伤员执意要走,便说:"走,我送你回去。"伤员满含热泪紧紧握住戎冠秀的手说:"谢谢你,不用送了。"伤员走出去很远了,又突然回过身来,对着戎冠秀扑通跪下,连声喊着"娘,娘!"戎冠秀则含着眼泪说:"咱八路军不兴这个,你负了伤，我侍候你是应该的。"伤员强忍住要流下的眼泪说："我回去后一定好好养伤，早日归队，杀敌立功！"戎冠秀目送伤员走远后，才沿小路向家中走去。

就是这匆忙的一面，戎冠秀和伤员谁也没有问对方的姓名。戎冠秀救助过几十名伤员，对她而言，这就是一次很普通的救助，很多她救治的伤员在离开时，都感激地喊她娘，她也没特别放在心上，过去之后，她也就慢慢将这事忘记了。

1944年2月，戎冠秀参加晋察冀边区第一届群英会，在群英会上发言讲了这次救助伤员的事，这时，台下有一个八路军战士激动起来：这不就是讲的自己在下盘松山里获救的事儿吗？竟然又遇到了用肩膀把自己顶入山洞的那位老大娘！离开下盘松，他特别后悔，后悔自己当初连大娘的姓名也没有问。战争年代，部队频繁行动，他也一直没有机会再到下盘松。没想到今天，竟然又与大娘相逢了！这位八路军战士就是晋察冀军区五团连长邓仕均。他从花木医院伤愈后返回部队3年来，战斗间隙，他就特别想念那个救了自己的大娘，想不到，与救命恩人在群英会上相见了！等戎冠秀发言结束后，他赶紧来到她身边，激动地握住她的手说："大娘，我就是你救的那个八路军伤员！大娘啊！娘！"一看这个八路军战士这样激动，戎冠秀却疑怔了，她疑惑地说："不能吧？你认错人了吧！救你咧人多了！"因为戎冠秀救的伤员无其数，到底有多少伤员是她救过的，她根本就不记得了！而且她怎么也想不到，在这样隆重而盛大的会议上，哪能这么巧就有自己救过的伤员呢？可是邓仕均却坚定地说："是你，我想起来了，就是你……"

戎冠秀这才相信她所救助的那位八路军伤病员就是眼前这位边区的"特等战斗英雄"。邓仕均连连向她表示感谢。戎冠秀紧紧攥着他的手,也激动起来:"你们打鬼子命都不要了,流了多少血,受了多少伤?我做这点事儿算什么?还不是应该的?"邓仕均得知边区政府授予戎冠秀"北岳区拥军模范——子弟兵的母亲"称号后,连忙向戎冠秀行军礼:"戎妈妈,你就是我的好妈妈!"

晋察冀军区专职摄影记者叶曼之让他们站在一起,用相机记录下了这个感人的瞬间。群英会上发生了英雄"母子"奇遇的故事,边区首长个个都欢欣鼓舞,很快这消息就电报传给在延安开会的晋察冀军区司令员聂荣臻,连毛主席都知道了!聂荣臻看到这张照片后,欣然为其作了"光辉永存"的题词。这张著名的《晋察冀三英雄》,即邓仕均、戎冠秀、李勇的合影照,发表在《晋察冀画报》1944年第5期封面上。

俩人从此结下母子深情。群英大会后,邓仕均专门给戎冠秀写信:"……你是子弟兵伟大的母亲,我愿将我的枪端得平平的,瞄得准准的,去射击万恶的敌人,保卫你,保卫我们的晋察冀……"后来又多次对妻子说:"没有戎妈妈,就没有我邓仕均,我只有多打胜仗,才对得起后方人民的一片深情。"

1950年9月,在北京召开全国战斗英雄大会和全国工农兵劳模大会,已成为解放军营长的邓仕均作为全国战斗英雄入会,戎冠秀因为劳动业绩突出,作为全国农民劳模入会。9月22日英雄模范人物从丰台乘坐"毛泽东号"到前门火车站,中央领导和军委首长上台致欢迎词,身为主席团成员的戎冠秀作为全国农民劳模代表(共三个人,还有工人和解放军代表)上台致答谢词,邓仕均又见到了他的妈妈戎冠秀!"母子"再次相逢,戎冠秀不停地问邓仕均在部队战斗生活的情况,还爱怜地抚摸着他身上的伤疤,问长问短。邓仕均更是把戎冠秀当作了自己的母亲,见了面总有说不完的话。10月1日那天,他们一起登上天安门城楼,参加了国庆观礼,还幸福地和毛主席一起合了影!

戎冠秀不知道的是,邓仕均1951年春随中国人民志愿军赴朝鲜,5月,在抗美援朝战争第五次战役中,奉命率部向敌军阵地纵深穿插,于洪川江南岸凤尾山击退敌"联合国军"4个营兵力的多次反扑,歼敌200多人。完成任务后奉命转移,在强行通过炮火封锁地带时英勇牺牲,时年35岁。

1959年国庆十周年,戎冠秀又来到北京参加国庆观礼,她登上天安门观礼台,观看走过天安门城楼的各个方队。她凝神而望,期盼能在这个特殊的时刻见到她的战斗英雄"儿子"邓仕均。这时候,解放军总政治部的胡可同志朝她走来,胡可与戎冠秀老早就是好朋友,当胡可知道戎冠秀是在等邓仕均时,沉痛地说:"邓仕均牺牲了,他牺牲在抗美援朝的战场上。"戎冠秀一听这话,腿都软了,一步也挪不动了,身子一歪,无力地坐在了一旁的椅子上,她垂下头,双手捂着脸,泪水顺着手指缝一滴一滴往下滴。

1989年8月,邓仕均的儿子邓其平在探家的火车上,从广播中听到戎妈妈去世的消息,悲痛万分,下车后顾不上回家,先去给戎妈妈治丧委员会发唁电,代表他父亲的在天之灵,也代表他的母亲、妹妹及全家对这位革命老妈妈表示沉痛的悼念。

坐落于天津市的武警指挥学院卫士广场一隅,矗立着一座根据邓仕均和戎冠秀当年的合影创作的人像雕塑,他们之间鱼水情深的感人故事也成为武警指挥学院对学员进行革命传统教育的鲜活教材。

女儿的"夹衣"

戎冠秀作为妇救会会长，担负着下盘松和周边几个村子的支前任务。她将棉花、布料分发下去，还得按时将军衣、军鞋收上来，登记数量、检查质量，从早上睁开眼开始，颠着小脚，在山村街道上跑来跑去。她自己还承担了做军鞋、军衣的任务。戎冠秀大女儿荣花当时十三四岁，见娘实在是忙，就主动搭手，备袼褙、搓麻绳、纳鞋底等活儿，都学着上手做。为鼓励孩子，戎冠秀答应荣花说，忙到秋后，上冷之前，给她做件新花袄。荣花从来没有穿过娘给自己做的新袄，上身的都是哥哥们穿过的旧袄。娘将哥哥的旧袄改小，补丁再摞上补丁，还会露出脏兮兮的棉花套子；颜色都是男孩子们常穿的黑灰色。她做梦都想穿新花袄。娘说给做新袄，她特别开心。备袼褙、搓麻绳、纳鞋底，做军鞋、军衣，她忙得更欢实了。她将一堆一堆的破布片儿拿到溪流中洗净，搭在柴垛上晾干，再收起来，一块块抹平、码整齐。在木板上抹面糊，将大大小小的布片儿一层层贴上去，放阳坡地里晒干，揭下一张一张的布袼褙，铰鞋底儿、纳鞋底儿，小荣花顶得上小媳妇儿们干了。小荣花是真出大力了。眼看成大姑娘了，再让她"溜"哥哥们的旧袄也有些不像话了。再说，应承闺女了，不能说话不算话。往年给荣花收拾棉袄，都是把旧袄里、褾拆开，洗净，把里面絮的棉花套子放在阳坡里晒透，再用酸枣棵子把发黄的硬棉花茧子翦喧腾了，再絮进"新"袄里。有时全家几年都见不着一根新棉花丝丝儿，哪里能给孩子们絮新棉花？头朝下十八滚也要给闺女做件新里新褾新棉花的花袄。豁着一大家子都没穿新袄新棉裤，戎冠秀给荣花做了一件里外新的花袄。虽然连套袄的裖子都没有，荣花穿上还是觉得特别喜兴。她把这件新花袄当成最值重的东西，有时干活儿，怕把袄弄脏了，她宁可挨冻也舍不得穿。

1943年秋季，日寇又调集了7万兵力，向晋察冀边区再次发动进攻，对平山革命根据地实行惨绝人寰的"篦梳扫荡"。边区军政军民，团结一致反"扫荡"。

10月中旬，下了一场小雪，山山岭岭一片白茫茫。日寇妄想利用雪天奔袭我晋察冀边区后方机关，被我四分区五团在柏叶沟打了伏击。战士们从山顶冲向沟谷，与敌人展开了白刃格斗，被围的敌人困兽犹斗，双方反复冲杀，互相争夺制高点，连续打了11天，战斗十分激烈。

由于鬼子经常"扫荡"，戎冠秀就领着乡亲们，白天逃到山沟里，晚上有时还要回村给军队碾米碾面，常常连轴转。一天，戎冠秀和几个妇救会员又回村了,正在推碾做豆腐,听说村转运站来了一名重伤员,戎冠秀赶紧过去,只见伤员仰面朝天地躺在担架上,头上有六七处刺刀戳的伤,脑袋肿得好大好大,全身上下到处都是黑漆漆的血迹,已不省人事。伤员一只脚耷拉在担架外边,鞋袜都丢了,冻得紫青紫青的。戎冠秀把伤员这只脚移到担架里,用棉被盖好,俯下身子轻轻地叫着:"同志,同志……"伤员毫无反应。抬担架的民兵摇摇头说:"真英雄啊,和鬼子拼刺刀,中了六七刀,流了好多血,人怕是不行了。一路上也没听他吭一声。"送担架的民兵回去了,可是负责转运伤员去后方医院的民兵还没有赶来。戎冠秀已经两天两夜没有合眼了,站着都能睡着,可是,担架上的伤员没抬走她心里着急啊!她赶快找站长说:"没有人给伤员水喝,搞不好就会牺牲,我来照顾他吧。"戎冠秀先端了一碗温开水来,掰开伤员那干裂的嘴唇慢慢喂,可是水都顺着嘴角流出来,喂不进去。戎冠秀就自己嘴里含着水,一手用锁钥匙慢慢撬开伤员的牙缝,嘴对嘴地喂水,另一手从伤员脖子向胸部慢慢地抚摸、轻揉,多次反复后,终于听到伤员喉咙处"咕噜"响了一声儿。伤员还有救,她一点儿都不困了,继续给伤员喂水。一碗水喂完,戎冠秀想起,村上有人家发送人,正磨豆子做豆腐,就跑到人家里端来一碗豆腐脑喂伤员,喂完豆腐脑,伤员慢慢能说话了。戎冠秀高兴地问伤员是哪个部队的,伤员说他是五团一连八班的战士,叫李拴拴,他们在柏叶沟打日本鬼子的伏击,战斗一直进行了11天,他已经四五天没吃没喝了。戎冠秀说:"可不,连伤带饿,就昏过去了。你还想吃东西不?"

伤员点点头，戎冠秀又给他做了一大碗面条。天亮了，她问伤员想吃什么，伤员说想吃稀的，她就做了小米饭、南瓜等。吃完了早饭，接伤员到后方医院的担架也来了。戎冠秀在担架上铺了厚厚的干草，伤员正要躺担架，她又看见了伤员那不能穿鞋、袜的光脚，赶紧找棉花，一时没找到，正在焦急，猛地看见大女儿荣花站在一旁，就向荣花伸过手来。荣花本能地用手护住自己的花袄。戎冠秀将女儿的手掰开，伸手将花棉袄的大襟撕开，掏夹层里面的棉花："回头娘再给你絮。"荣花心疼自己的花袄，可她明白娘的心思，任由娘掏出袄中的棉花，三把两把就给伤员包好了脚。伤员从话中得知戎冠秀是掏自己姑娘袄中的棉花给自己包脚，非常感动："好人呀，好老人呀，你比我娘亲，我一辈子也忘不了你的好呀！"戎冠秀握住他的手说："快别这么说，你们战士们打日本鬼子命都舍得，使我们点棉花还不该？"伤员听了很受感动。"担架"队出发了，戎冠秀和乡亲们一起送到村口，一直等"担架"走远了，他们才回村里。

正值十冬腊月，荣花袄中的棉花被娘掏出许多，只剩下表里两层布，冻得直打哆嗦。她等着娘给自己絮棉花，可娘天天救伤员，顾不上管她，只是让她在屋里暖着。

又有一天，有 18 名同志负重伤，五团派人把重伤员抬到下盘松村转运站，准备转送到古榆树村临时医院治疗。戎冠秀坚决要求留下几名重伤员，由她护理。五团团长萧锋考虑日军频繁搜山抓人，怕戎冠秀遇危险，没同意。戎冠秀说什么也不干，最后部队只好把 1 连 6 班战士封建明留给她救护。重伤员要转移,戎冠秀都要把他们安顿好了。她给每位伤员身下铺上厚厚的干草,怕他们冷,把棉被上上下下掖好。看到有的伤员个头大,被子短,盖住上部下面的脚就露了出来,这次有了经验,她想也不想,伸手就从荣花的花袄里掏棉花。

那时候几乎天天往交通站送伤员,戎冠秀一方面是忙,忙得顾不上给荣花收拾棉袄,另一方面,正是战争时刻,去哪里找絮袄的棉花?反倒是给伤员包手包脚包伤口,让戎冠秀把荣花新袄里的棉花差不多掏尽了,硬生生把一件棉袄掏成了只剩裱、里两层皮的夹袄。没办法,荣花只得又把哥哥们的黑老套子旧袄找出来,才对付着过了那个冬天。

一双"高街鞋"

1938年9月,晋察冀边区党政军群领导机关由聂荣臻司令员率领,从山西五台迁往平山蛟潭庄一带,军工部、供给部、卫生部、后方医院、修械所分散在卸甲河、柳林河周围村庄。其中,被服厂就驻在下盘松,戎冠秀的大儿子聚金担任下盘松村工救会主任,主要负责被服厂的工作,戎冠秀不但担任下盘松村妇救会主任,还是观音堂区的妇救委员,八路军被服厂有了任务,周围几十个村子所需的军衣、军鞋都由她来安排。各村的妇女主任都到戎冠秀家院子里拿自己村里的军需材料,再把做好的军衣、军鞋收回来。繁忙的时候她家院子里像赶集一样热闹。

做军衣,一次几十件、几百件的布料、棉花领来,戎冠秀总是先做好一件,就挂在当院树和树之间扯起的绳子上,各村的妇女主任来领布料，戎冠秀就把衣服拿到她们跟前，要求大伙照着她的标准去做：裤缝儿、衣缝儿都用双线缝，还要倒钩针的。戎冠秀说："子弟兵打仗，摸爬滚打，衣裳日夜不下身，不做结实怎行。"收衣服时，大家交来的衣服一摞一摞顶着屋顶，但她毫不马虎，一套一套过秤，看够不够斤两，然后还要冲着太阳或灯光仔细照一照，提防一些私心人把新棉花换成旧棉花，一照，里面蒙蒙透亮发白，是新棉花；若是暗黑不见隐光，即是旧棉花，这是她自己在收军衣时摸索出来的经验。照完后，算是抓住了大节，小节也不放过，还要一件一件再详细看看翻翻：衣缝是否匀称，缝线是否结实，针脚是稠还是稀；四处摸一摸，看看棉花絮得是否匀实，有起坑发瘪之处没有。

戎冠秀对军鞋要求更严。纳公鞋的时候，她就把妇女们召集在一块，说：

"人家子弟兵在前方打仗，整天翻梁爬坡，赤脚板可不行。咱们老百姓赤脚板下地能不能？不能。咱们不能赤脚板下地，就不能让子弟兵赤脚板儿打仗。子弟兵穿鞋不比在家方便，穿一双是一双，可不能做坏鞋。子弟兵就跟咱们家里的孩子兄弟一样，咱们给孩子兄弟们做鞋都是结结实实的，给子弟兵做，也要那样。"她号召妇女们做的鞋不要叫上级退回来，要叫子弟兵们穿在脚上说好，说："这是谁家的好姑娘好媳妇做的好手艺！"

她听说，一位战士新领的军鞋刚上脚，鞋底子齐刷刷折了。这件事对她触动很大。她找到部队把这双鞋要了回来，仔细一看，很是生气。鞋底针脚稀拉不说，中间还夹了朽布和烂树叶！

第二天,各村妇女主任又来领鞋料,在堆鞋料的桌子上摆着那双鞋。妇女主任们你拿起来看看,我拿起来看看。

"都是些什么东西呀?这不坑人嘛。"

"不光偷工,还使些乱七八糟的。"

"不像话。谁做的?"

戎冠秀把那双鞋举了起来:"看看,这做的什么鞋!刚说了要大家做好鞋!人家战士们把命都豁出去了,咱们让人家穿这样的鞋打仗?这还没上战场呢,鞋就成这样了。要是真上了战场,还不得把脚跑坏把命搭上!鞋做成这样,可真是黑了心肠了。"

第二天,戎冠秀收鞋的时候,更细心了。一家人全上场,兰金帮着验收、记账,荣花、喜花摞鞋、递鞋、看摊子……收上来的鞋子,还是有些做得不称戎冠秀的心。

"老会长,做衣服有个样子,让大家知道做成什么样儿的,这鞋,也该有个样子。有样学样,就好了。"一位妇女给戎冠秀出招儿。

对啊,衣服有衣服样儿,让大家照着做,做鞋也该有个鞋样儿啊。不然,做成什么样儿算好?一句话提醒了戎冠秀。

当天,她找到八路军供给部和区里,打听外地做军鞋的经验。八路军供给部的同志与外地接触多,知道得多,当即推荐说,阜平县高街村军鞋最有名,当地儿童团有首歌谣就是夸赞高街村军鞋的。这位同志随即念叨那首歌谣:

高街鞋,不平常,

双双缉鞋口,
对对斤二两。
前五趟,后四趟,
腰里密密纳三趟。
底大帮子小,
穿上可脚打胜仗。

正瞌睡呢,这就有了枕头了。戎冠秀听了特别高兴:"行,咱就照高街鞋的样子做军鞋!"

戎冠秀特别想去高街村看看,学人家做鞋,可这批鞋要得急,腾不出时间来。她风风火火赶回家,边念叨着歌子边铰鞋底儿,比平时的底子又加了两层袼褙,然后完完全全照着歌子里念的针脚密密地纳。白天跑了整整一天,这又接着熬夜,在棉油灯下穿针引线。屋里还没生火,大山里夜深后气温骤降,手冷得直打哆嗦。她哈哈气搓搓手,继续往下做。纳着纳着就打开盹儿,一不小心,针扎在指头肚儿上,"哎哟"一声,把早已睡下的荣花惊醒了。

"娘,什么时辰了?还不睡?明天再做吧。"荣花翻身从被子里支起身来,揉揉眼睛问。

"我也做双'高街鞋',让大家有样学样。娘这会儿不熬会儿眼,白天忙活起来就没工夫了。"戎冠秀说着,在头上篦下针尖又纳了起来。

"娘,我和你纳吧。"荣花穿衣起来。

油灯下，戎冠秀念叨着歌子，不时地停下来数数针脚，或是给荣花比画样式。娘俩边叨叨话边做鞋，灯油添了几回，直到窗户上透亮了，这才做出一双鞋来。戎冠秀把这双鞋放在线笸箩里，放在当院的桌子上。

第二天，各村又来领鞋料，戎冠秀先开会，边端着线笸箩让大家传看这双"高街鞋"，边念叨那首歌子。

"十二趟，斤二两，高街鞋这样，咱也这样，听明白了没有？"戎冠秀吆喝着说。几个妇女传看着"高街鞋"，边夸赞着："这厚底儿，这针脚，这鞋口，又好看又结实。"戎冠秀对她们说，把歌子都背下来，边念叨边做。

这会有了样了，她收鞋时更认真了。她手里提着一杆秤，一双双称重量，一行行数针脚，分量不够、针脚不够都得返工重做。有一次地主婆李黑英做的鞋子只有一斤一两，戎冠秀提着让她看称星儿。李黑英撇撇嘴："不就是一两嘛。"戎冠秀当着众多妇女对李黑英说："你差一层袼褙，她差几行针脚，都这么做，还能做出好鞋？人家孩子豁着命打仗，咱一双鞋子都做不好，良心上过得去吗？"

李黑英羞愧满面，无地自容，主动要求重新再做一双。大家看到趾高气扬的地主婆都重新翻工，做鞋更上心了，用料、做工都实实在在。

忙活过这一阵儿，戎冠秀真的组织几位妇救会干部和做鞋做得好的妇女，还真的到阜平高街村取经去了。她们和高街村的妇女一块儿纳鞋底儿，看人家褙的袼褙，数人家鞋底的针脚，学着人家缀鞋面儿。戎冠秀的总结就是实在，褙袼褙实在，纳鞋底儿实在，用料实在，用工实在。高街一行，这几位能手都学会了做高街鞋。一传二，二传三，妇女们再交上来的军鞋，都向高街鞋标准看齐，档次明显提升了。有些干部、战士将鞋穿到脚上，又可脚，又结实，很多还以为是高街鞋呢。区里表扬说，下盘松做的军鞋是最好的。

　　盘松鞋、戎冠秀鞋，成了和高街鞋齐名的好军鞋。

开棺验尸申冤情

在戎冠秀领导全村妇女姐妹开展自我解放运动、发展生产、拥军支前的过程中,并不是一帆风顺的。作为妇救会长,她为保护妇女权益,伸张正义,做了不少好事。如为经常挨打受气的媳妇们争得上夜校、开会和参加劳动的权利等,尤为突出,令人难忘的是,1942年她为妇救会干部李黑妮奔波申冤的事。

李黑妮是村里的自然庄湾子村赵先岭的媳妇,也是村里的妇救会干部。有一天,戎冠秀突然听人说,李黑妮上吊死了。她觉得很奇怪,黑妮虽然平日受婆婆和家里的气,可是半年多来,积极参加妇女识字班、参加妇救会的各项活动,情绪很好,怎么会一下就上吊了呢?这时,有人偷偷告诉她,说夜里听到了黑妮的哭喊声。她觉得事情不对劲,马上找区干部反映,并说:"我是妇救会长,这事我得了解清楚——可是人已经埋了,你们说怎么办?"

区干部说，这是行政上的事，由我们负责，你就不用管了。她说："你们负你们的责，我负我的责。"提出要把人挖出来，开棺验尸。一位区干部说，我们已验了尸，没有问题。也有些好心人劝她说：死了这么多天，人都臭了，区里也验过了，黑妮娘家人也没说话。可她并不死心，想着和李黑妮相处的日子，想着一个活生生的人，说死一下就死了，忍不住流下悲伤的泪水，坚持要求一定要验。

她一天往湾子里跑了好几次，悲愤地对大家说："黑妮和我一起做了好几年工作，埋了我也要刨开坟堆，开棺看看她的尸首，看看到底是咋回事。不然我就对不起上级，对不起我的妇救会会员们！"

有人说："区里都看过了，说没有问题。"她再次坚定地说道："区里负区里的责，我负妇救会的责。"发誓："不弄清这事，我就不当这个会长了！"

她带领部分妇救会员，顶着李家的巨大压力，硬是从土中刨出已埋了十多天的李黑妮。打开棺材，她亲自用清水洗擦尸首，果然看到死者的脖子上有很深的血痕，显然是勒死的，她们终于查清，李黑妮是被丈夫害死的——于是真相大白，许多妇女都哭了，戎冠秀哭得最厉害。在群众的强烈要求下，凶手得到了应有的惩罚。这件事之后，下盘松的妇女都说："老会长可忠实我们妇女的事咧，我们都敬服她！"过了四五年后，周围村庄还一直传说着此事，连区县干部和听闻此事的八路军指战员都对她这种为伸张正义而无所畏惧的英勇精神而由衷敬佩和感动。自此，她在乡亲们中的威信更高了，成了村里最受尊敬最受信任的人！

治疗"救"人

1941年秋天，日寇集中兵力，向平山县党政军的首脑机关驻地和平山的各个村庄进行的"扫荡"持续了一个多月。

戎冠秀连夜带领群众，首先把给八路军保存的缝纫机等物资运到村外野地里，有的埋在地下，有的藏在山洞里，并进行了伪装。紧接着又把群众的粮食、用具,甚至连门窗都卸下来"坚壁"了。坚壁清野之后，组织群众也隐藏到山里，持续了整整半个多月。戎冠秀惦记着乡亲们，只要有一点儿空闲，就南沟北坡地绕山走，去看看大伙儿生活怎么样，有人闹病没有。她尤其关心抗属们——人家男人在前方抗战打鬼子，可不能让家里人受委屈。村里有一对母子，儿子韩增英刚刚7岁，这次转移，娘儿俩跟一些人跑到大坟沟去了，人们都钻到一个大窝铺里，却不让他们进去，因为他们正在长疥疮，长得很厉害，人们都怕传染。没办法，天已经黑了，娘儿俩只好蹲在坡根底下，偏偏天又下起雨来，连绵的秋雨真烦人呐！娘儿俩顶着一床棉被在坡根儿底下淋着雨。儿子增英对母亲说："娘，咱去找老会长吧！她在大坟沟的核桃坪。"母子俩冒着蒙蒙细雨，趔趔趄趄地来到核桃坪，在一个地棚子里找到了戎冠秀。戎冠秀一见这娘儿俩浑身湿漉漉的，嘴唇都冻紫了，忙把他们拉进地棚子里，热情地说："快，快进来暖和暖和，看把你们凉的——秋后的雨，冷啊。"

戎冠秀看这母子的疥疮长得实在厉害，知道他们痛痒钻心，知道他们被大家嫌弃，特别理解他们心里比身体上更难受。她就想方设法给他们医治，打听到一个土偏方，就想给他们试一试。她先弄来一捆陈甘草，又冒着危险跑回村里取来硫黄，把硫黄给这娘儿俩擦抹到身上，然后点燃干草用火烤疥疮……这土验方虽见了效，但还没能彻底治好。她又弄来一把砂酒壶，里面装进黑豆粒儿，用两块石头支起个火灶，把砂酒壶放倒，架在干草火上烤，烤得里边的黑豆粒儿顺着壶嘴儿往外滴落油珠儿，趁热用油珠儿往疥疮上擦抹……这偏方真管用，只擦了几次，母子俩的疥疮就治好了。增英他娘感激地攥住戎冠秀的手，流着泪说："我可该怎么谢谢你呀——老会长！""谢个甚！"戎冠秀半嗔半笑地说："芝麻粒儿大点事情，不应该吗？"

那些日子，韩增英母子一直跟戎冠秀一家人藏在一起，一块儿吃，一块儿住，韩家娘儿俩不知吃了戎冠秀家多少粮食，戎冠秀从来不提也不问。戎冠秀还得空去采些治毒疮的草药，捣烂成泥抹在他们身上或熬水让他们洗，巩固治疗效果。增英娘打心眼儿里感激戎冠秀——人们心中的老会长,她不止一次地对儿子说:"长大了,可不能忘了老会长对咱的帮助和照顾。"儿子含泪答应娘,一定记在心里。

黎明钟声

1942年秋，作为随军记者，还不满20岁的江波用一架德国产的蔡斯相机，在平山县下盘松村拍摄了一幅记录中国人民抗战历程的不朽摄影作品——《黎明钟声》。从那时起，他便与照片中的主人公、"子弟兵的母亲"戎冠秀一家结下了一段难以割舍的情谊。

此前，江波随部队多次经过下盘松村，但却大多是夜晚，从未看清楚村庄的真实面容。但村庄中一个普通妇女的名字，却早深入他的脑海中。戎冠秀的名字不断出现在报纸上，她带头拥军支前、救护伤员等英雄事迹，深深感动了在部队做宣传工作的江波。他有一种说不出的强烈欲望和力量，想去采访报道戎冠秀同志。

1942年秋天，他和另外几位记者一起赶到下盘松村采访戎冠秀。这一次他住在戎妈妈家里，同戎冠秀一家一起生活了一个多月。白天，他们随戎冠秀一家一起下地干农活儿，晚上无事，便同戎冠秀挤在一个炕头上，听她讲述如何在战场上抢救伤员，如何为伤员包扎伤口，如何嘴对嘴给伤员灌米汤、喂饭，以及几位小脚妇女轮流抬一副担架转运伤员等往事。戎冠秀讲起这些来，语气很平静，对她而言，是日常经常做的事儿，而对于年轻的记者江波而言，这些事儿都特别令他受感动，他深深体会到，正是她的这种革命的奉献精神和军民鱼水情鼓舞了晋察冀边区的人民和人民子弟兵，使他明白，有广大人民群众的支持，他们一定会赢得革命战争的最后胜利。

戎冠秀一家对采访的记者朋友们的热情和生活上的周到照顾，也给江波留下了终生难忘的印象。戎冠秀的大女儿荣花、二女儿喜花，每天晚上都给他们把炕烧得热热的。当时天气已是深秋，山里夜间气温很低，戎冠秀家从坡上背回来的柴本来就不多，漫长的冬天取暖都成问题。可戎冠秀怕冻着江波他们，每晚给他们把炕烧得热热的。他们不忍心，就极力劝阻，戎冠秀口头上答应了他们的请求，可每当晚上睡觉时，那炕、那被子总是温腾腾的，显然戎冠秀她们还在烧炕。后来，他们留心观察才发现，原来每当晚上他们和戎冠秀聊天时，戎冠秀就对两个女儿暗暗使眼色，两个女儿就悄悄出去烧炕了。这让江波他们分外感动。

热炕之外，下盘松还有一个"秘密"引起了江波的注意。每天清晨，天还麻麻亮，总会有一阵清脆的钟声掠空而过，由远而近，把他从梦中惊醒。这是从哪儿传来的钟声呢？为了揭开这个秘密,一天,他起了一个大早,朝着传来钟声的方向走去。噢,原来是戎冠秀站在远处地边的一个高岗上,手持一根木棒,迎着清晨的寒风,敲击着悬挂在枣树上的一口钟。这钟声,由远而近,在村庄上空,在山梁和沟谷间,在坡上的松林间回荡。随着钟声,村里的男男女女,背着铁锹、镢头、背篓、担杖等工具,或吆喝着驴骡等牲口,漫向沟底或山坡,开始一天的劳作……

这使江波顿时想到,这黎明的钟声,不是一种力量的象征吗?它正说明黑暗即将过去,黎明即将到来,一个伟大的新中国即将在我们手里诞生。

透着东方的霞光,凝聚着充沛的情感,他选好角度毫不迟疑地按下快门。我国摄影史上的一幅佳作《黎明钟声》就这样诞生了。那时,江波不过是一位不满20岁的小八路。

照片拍好后,江波便交给了当时晋察冀画报社的副社长石少华同志,由他带回晋察冀画报社。画报社的社长、著名摄影家沙飞见到照片后十分欣赏,认为是一幅难得的佳作,迅即在《晋察冀画报》上发表。

拍摄照片后,江波了解到更多钟声的故事。原来戎妈妈既是战斗的指挥者,又是生产的组织者。战时,她的钟声既是指挥群众转移的报警信号,又是集合游击队员整装迎敌的号角;平时,有节奏的钟声动员全村群众下地生产。而且每天戎妈妈天还不亮就起来,背起筐子拾满一筐粪回来,这时太阳正要从山后探出头来,她瞭一眼正显出鱼肚白的天空,举起棒槌敲起钟来……

那口铁钟，原来放在村里的龙王庙里，戎冠秀和人们把铁钟从庙里抬来，挂在自家门前的枣树上。她自告奋勇管敲钟。每天早晨，全村男女老少，都是听她的钟声起床出工。有了敌情，这钟声敲得更不一样，敌人来了，督促大家紧急转移，那钟声就敲得短而急促，而敌人离开，通知躲在山上的群众可以回来，那钟声就敲得长而缓慢。戎冠秀用大铁钟指挥着全村的生产和战斗。

1944年，出席边区第一届群英会后，面对从未有过的光荣，戎冠秀回村后积极响应边区政府号召，为了支援前线开展大生产，立即把会上"争当劳动英雄"的誓言变为实际行动，戎冠秀挨家串户跑前跑后组织起妇女拨工队。在妇女拨工队的影响下，男子拨工队也成立了。而每天指挥拨工队劳动的，就是戎冠秀的钟声。特别是春耕秋收时，听到第一遍钟声起床，第二遍下地，第三遍就有人领头检查出勤情况。每遍钟的节奏都不一样，一听就能听出是第几遍钟。谁要是起得晚迟到了，整个拨工组甚至整个村子都会笑话他。

《黎明钟声》发表后在晋察冀边区乃至全国范围内引起了强烈的反响。戎妈妈的黎明钟声，表明了中国人民在民族危难时刻的觉醒，仿佛在号召人们去战斗，去夺取抗战的胜利。晋察冀的一位老战士后来回忆道："我在晋察冀边区第一次看到这张照片时，虽然正值严冬，看完后全身顿觉火辣辣的，思想深处不敢有一点松懈。我把一本有着这张照片的《晋察冀画报》藏在我的背包里，随身带来带去。在过去那段漫长的日子里，这张照片给过我多少鼓励啊！"

1982年，江波在《胜利和希望的象征》一文中写道："我们刚到戎冠秀家里那几天，每天清晨天刚蒙蒙亮时，就被一种漫天彻野的钟声把我从睡梦中惊醒。时间一长，引起了我的注意。原来这钟声是戎冠秀在敌人侵犯时，指挥群众转移的报警信号，也是集合游击队整装迎敌的战斗号角；而在平时，又是催促全村男女老少下地生产的动员令。下盘松的老百姓，或生产，或战斗，都是根据这钟声而行动的。戎冠秀同志就是这生产和战斗的组织者和指挥者。我站在坡下，仰望着祖国蓝蓝的天空，天空下一颗粗壮的枣树挺拔地站在那里。枣树上悬挂着一口钟，钟下站着这位觉醒了的中国妇女，随着她的动作，钟声响彻天空，随即我仿佛看见，应着钟声有千军万马在行进。这一切，不正是抗战必胜的形象画面和新中国的象征吗？那位高举木棒的击钟者，不正是我们这一代中国人民革命精神的化身吗？于是，我毫不迟疑地拍了这个镜头，并命题为《黎明钟声》。"

江波再到下盘松，已是44年后。1986年农历九月二十九日，正是戎冠秀90大寿，江波带着蒙古族的妻子鄂文燕和内蒙古党委政研室的沈正同志来到下盘松。"你是小江，你是小江……"戎冠秀虽然90岁了，荣花、喜花也双鬓染银，当年不到20岁的江波也年过花甲，戎冠秀还是认出了江波。

戎冠秀和江波一起回忆40多年前的点点滴滴，江波向戎冠秀介绍自己的蒙古族妻子，介绍当时分别后的战斗经历和解放后的工作情况。戎冠秀叮嘱江波要关心照顾来河北"走亲戚"的蒙古族妻子，要鄂文燕代她向内蒙古各族妇女，特别是蒙古族妇女问候，呼吁各族妇女团结起来，建设好新中国。

江波和妻子要离开时，戎冠秀挽留他们多住几天，他们回说，家里还有工作不能再耽搁，那时，几颗泪珠在她眼里滚来滚去。戎冠秀拄着拐杖蹒跚地送他们离开时，边走边说："等我100大寿时你们再来，我要热热闹闹欢迎你们。"

群英会获得
"子弟兵的母亲"荣誉称号

在革命圣地西柏坡纪念馆展厅里,陈列着一面写着"北岳区拥军模范——子弟兵的母亲"的锦旗。这面锦旗,是戎冠秀在1944年晋察冀第一届群英会上获得的。

1943年的秋冬,抗日战争正处于艰苦阶段,日本帝国主义妄图摧毁我抗日根据地,扩大占领区,集中兵力对晋察冀边区进行了残酷的秋季大"扫荡",边区军民在中国共产党的领导下,积极开展了反"扫荡"反"蚕食"的斗争,经过3个月的奋斗,终于粉碎了敌人的阴谋,打击了日本侵略者的嚣张气焰。

为了总结战绩,鼓舞士气,巩固扩大解放区,晋察冀军区党委决定召开边区群英大会。12月中旬,中共平山县委接到上级指示后,立即进行了安排部署,各区相继召开了"群英大会",

选拔出了参加县群英会的代表,各区把典型材料报到县委以后,县委在审查材料中发现,有关战斗英雄、模范游击队(组)等方面的材料多,缺少军民团结、支援部队作战的典型。因为当时晋察冀军区、二分区、四分区和三个主力团以及八区队等均在平山境内流动作战,他们的衣、食、住、行都离不开当地老百姓,没有人民的支援,反"扫荡"的胜利也不可能取得。这时,出席县群英大会的代表已陆续来到县委驻地东黄泥村。时间很紧,县委立即召开了由各区带队干部参加的会议,让大家推选这方面的典型。孟家庄区带队的同志汇报说,他们区有个妇救会主任曾经救护过八路军伤员,事迹比较突出,在区召开的群英大会上因口音关系未被评选上。根据这种情况,经大伙商量决定,立即派人把那个妇救会主任请到县里来。这个妇救会主任就是戎冠秀。戎冠秀热爱子弟兵的事迹深深地感动了县委,大家都赞叹说:"她是一名真正的共产党员,是平山县妇女的模范。"戎冠秀到县委的时候会议已经开幕。县委连夜起草并刻写油印了她的材料,第二天戎冠秀的发言结束后获得了热烈的掌声,大会一致选举戎冠秀为平山县出席边区群英大会的代表,会后把典型材料报地委审查后,地委宣传部部长胡开明称赞戎冠秀是个事迹非常突出的拥军模范。

1944年2月10日上午,晋察冀边区第一届群英大会开幕。晋察冀党政军程子华、刘澜涛、宋劭文、朱良才、成仿吾和边区抗联代表郭任之等领导同志出席大会。此时,聂荣臻同志已赴延安参加中国共产党第七次代表大会(1945年9月9日返回晋察冀)。戎冠秀等英雄模范的材料用电报发到延安,经聂荣臻同志批示后，中共晋察冀分局、晋察冀边区行政委员会（边区政府）晋察冀军区和晋察冀边区参议会等党政军民领导机关授予戎冠秀"北岳区拥军模范——子弟兵的母亲"光荣称号。

晋察冀边区第一届群英会会场门前矗立着用树枝、纸花等编扎成的"群英大会"牌坊，影壁上悬挂着"胜利在望"的大幅画图，主席台正中墙上挂着毛泽东主席和朱德总司令、彭德怀副总司令的大幅水彩画像。两边墙上还悬挂着两幅大画：一幅是子弟兵袭击和炸毁敌人碉堡的战斗场面，一幅是军民并肩秋收的欢快场景。画意反映了边区军民团结一心，一手拿锄头镰刀生产一手拿武器打鬼子的真实现状。

群英大会的头两天是小组会。那是日本鬼子对晋察冀边区最残酷的1943年秋季大"扫荡"之后，许多知名的战斗英雄和劳动模范都参加了会议。像阜平五丈崖爆炸英雄李勇、曲阳民兵麻雀战英雄李殿冰、涞源在大"扫荡"中仍然生产大丰收的女模范韩凤龄，都是会上的知名人物，在边区也早已老少皆知。他们不论谁往那里一站，就总有一堆人围上去。

戎冠秀同李勇、韩凤龄等在一组，这一组李勇、李殿冰战斗经历丰富，他们也会讲，讲得生动；胡顺义、韩凤龄一开口也是滔滔不绝。开了两天会，几乎都是这几位名声很大的英模发言，包括戎冠秀在内几个没有什么名气的模范一直还没轮上。

第二天晚饭后，小组会的主持人康濯特意动员戎冠秀发言，她执意不答应："我不够模范，没甚讲的。"

"不要过分谦虚！"康濯说，"选你来开这个会，是大家伙的心意，也是组织交给的任务。"

戎冠秀一听"组织任务"，立即严肃起来。那时候"组织"就是党，党的指示在每位党员看来都是极其庄严的，是不容许推托的。戎冠秀虽还诚恳地表示自己当模范确实不够，但随即就同康濯商量起发言内容来了。她主要是讲拥军的事，随口一提就多得很，而且每一件具体事都可以讲好久。

第二天的上午，到会议的后半截，她才开口。仍然首先声明自己当模范实在不够，接着说道她当军属代耕团长，自己参加并组织大家为军属服务的事迹，再讲到村里来了部队多是她出面安排接待，特别是来了伤病员就不论先到谁家可都有人告诉她。她家里再困难也要准备一点小米、挂面、鸡蛋和香油，给伤病员吃。一次担架送来一位重伤员到了她家里，她立即把伤员安顿到炕上，有个跟来的护士要给伤员洗伤口、上药和包扎，伤员可怎么也躺不安稳，直到戎冠秀把伤员的脑袋枕到自己的大腿上，两手半抱着伤员，那位伤员才比较舒适、安稳地喘着粗气，接受治疗。这时戎冠秀就小声说着话儿安慰伤员，又不断给伤员擦汗，并让女儿给冲好半温的蜂蜜水凉着，伤口包扎好就一口一口给喂水——那时根据地白糖、红糖、冰糖什么糖都没有！不过蜜水也甜哇！老会长喂水直喂到伤员睡着了，才轻轻地、慢慢地爬下炕来，再准备鸡蛋、挂面，等伤员醒了又一口一口喂……戎冠秀的发言不起高声，和风细雨，一边讲，一边模仿侍候伤员的动作，神色似乎也沉入了当时的情景之中。她还讲到伤员身子挺沉的，她也累了，可是不觉得累；头发散乱遮了眼睛，她也不觉，是闺女给她梳理了。满头满脑汗，也是闺女给擦。身上热的那个燥劲儿，可又觉有股小凉风，嗨，是丈夫李有给扇扇子。她还使心眼儿看着护士同志是怎样洗伤、上药和包扎，想着以后有了伤员万一又没有医生护士，关键时刻顶上去，多少也有个谱！……如今抗日是天下头等大事，妇女上不了火线，还能连个伤员也不会侍候吗？……

老会长讲得不紧不慢，绘声绘色，使整个分组会场格外安静，所有的人几乎都屏声静气，抽烟的早已不抽了，他们都聚精会神地听着，如身临其境。戎冠秀生动的发言讲了一个多小时，讲完了，会场上仍悄没声息，好像没听够似的。直过了半袋烟的工夫，听的人才回过神来，开始响起零散的掌声，接着，就猛地一下全体鼓起掌来，越鼓越热烈，同时也有人高伸起大拇指，一边喊着：

"好！"

"了不起！"

"这才是真正的拥军模范！"

李殿冰、李勇、韩凤龄这些大英模更挤上去围住戎冠秀，轮流伸出两个巴掌拍着她的肩膀和胳膊，蹦蹦跳跳地喊着：

"你这是拥军大模范！"

"是特级大英雄！"

"是真正的压轴子戏！我们可算服啦！"

会场上一片欢声笑语，可是欢笑的人中差不多每一个都眼里含着泪花。戎冠秀更是喜泪涟涟，一边不停地说着："我不够，我不够。"一边摘下包头巾擦了擦眼。

上午散会的时候，康濯却早已急得心里火烧火燎的。因为刚才参加会的边区干部中没一个主要负责人。下午一定要请军区和边区的主要负责同志去听会。

下午，军区政治部副主任兼组织部部长李志民等首长参加了会。

劳模们在首长面前都不愿随便开口。李勇要戎冠秀先讲，他说："你可是真模范，上午才开了个头，快接着讲吧！"戎冠秀慌乱地直摆手，连连说："我可不够模范，也讲完了，没嘞没嘞。"她显得更加腼腆和羞臊。胡顺义、韩凤龄他们就向首长学说着戎冠秀上午讲到的事迹，说她确实了不起，她的事迹保准还丰富得很。这时李志民同志站起来了，走到戎冠秀面前，俯身拍着她的肩膀说：

"大娘，请你再讲讲吧！你看，我们忙得没有早些来听你发言，失掉了学习的机会，很对不起哩！你就再给我们补补课吧！"

戎冠秀赶紧摘下头巾擦着眼泪，同时嘴有点哆嗦地说：

"首长！快，快坐下！我可担待不起你说的话哇！我就把讲过的，再啰唆几句吧！"

于是她又细水轻流地再讲了一遍。李志民和边区首长激动得眼睛红了……

戎冠秀喝了两口水，接着说："那是1941年鬼子'扫荡'的事，那一回鬼子到了我们沟口上，八路军和民兵打得他们没敢进沟，我侍候、照顾的几个伤员都是在家里炕头上。后来大'扫荡'，那可厉害多了！鬼子进了我们山沟沟，村里待不住，一个重伤员刚刚送到我家门口，担架也刚走，就有了情况，鬼子离我们村不远了。李有他们赶快组织全村转移。我把需用的东西包了个包袱，交给了闺女，就让她把伤员抱到我肩膀上，她在后边扶着点，我背上就赶着出村、上山，又得快走，又怕磕碰着伤员，路又坎坎坷坷的，歇息吧也不敢多歇，直到进了山洞，才叫闺女铺下褥子，放下伤员，喘了两口气……"

老会长忙又说，可伤员躺下直哼哼呢！比刚才背在背上哼叫得还厉害！她蹲下一看，瞎！人家是伤的后背和后大腿跟，怎能仰面躺着？可趴着吧，褥子薄，地下坑坑洼洼的。她就自己坐在褥子上，伸直两腿，让伤员上半身趴在她腿上，这才不哼哼了，光喘粗气。她忙叫女儿搭了灶，点着火，烧了一小瓦盆开水，把她夏天穿的一件白布坎肩煮上消了毒，再剪开给伤员洗伤。当时没护士没医生，只得自己干。紧接着，李有和乡亲们都来了，说是外面把好了岗，这里要什么就讲。戎冠秀说，要草药洗伤、敷伤，还得熬了给伤员喝。李有说，已安排了。后来就洗、敷、包扎，喂蜜水，喂鸡蛋面，喂药。伤员的气息平稳些了，不久还睡着了。几天以后，又把伤员往更远的山沟里转移了一次，并大老远找来了部队的医生、护士几次治疗和换药。直到伤员完全康复，重上前线，戎冠秀都始终侍候到底，从没离开。而且在去年的反"扫荡"中，戎冠秀在送走了这个重伤员之后，又同样侍候了另一个重伤员，以及另外两个轻伤员……

老会长讲完后，会场上响起热烈的掌声，是李志民同志和边区另两位首长带头鼓掌的。

李志民同志最后宣布：明天起，是两天大会发言，李勇、李殿冰、胡顺义、韩凤龄这些大家知道的模范还要讲，戎冠秀更要讲，大家对她都还不大了解，明天就先讲！

这天晚上，军区和边区抗联会、妇救会的同志，又专门看望了戎冠秀，鼓励她明天一定要讲话。

那时聂荣臻司令员不在，刚刚去延安准备参加党的七大去了。

由原冀中军区司令员程子华同志代理晋察冀军区的工作。第二天上午开大会时他坐在主席台上，在念到戎冠秀发言的时候，他立即站起来鼓掌欢迎。戎冠秀上台向毛主席像和红旗鞠躬，向台上首长鞠躬，又转身向台下一鞠躬，这才坐到扩音机前面。

戎冠秀两眼飞快地向整个会场扫了一下，静默了一阵，才眼带泪花地发言道：

"我做得很不够。如今抗日第一，八路军最亲，我只是凭自己不强的一点劳力给军属代耕，帮补着解决点困难。部队来了也跑腿安排点吃住，伤员来了，怕年轻人侍弄、招呼不细致，我就把这件事揽了下来……"

接着她讲了讲昨天上午分组会上讲的，侍候那个伤员的具体过程，又讲了昨天上午所说背那个重伤员进山洞治伤的事。她说话如长流细水，边说边模仿，而且绝不夸张过分，平实得就跟日常烧火做饭、洗菜切菜一般。直讲到山洞里那个战士伤好了以后离开时，一切收拾停当，穿戴好了，临走的工夫才迈了两步，忽又猛回头朝她扑腾跪下去，抱住她两条腿哇哇哭起来道：

"大娘！戎妈妈！你你，你是怎么个才把我这，我这大个子背上山洞的呀！你为我熬，熬脱了几层皮！瘦，瘦掉了几斤肉哇！你把我的伤治好，把我的心也染得更红了一点哪！这回我再上了前线，一定要再多再多地杀敌人，打鬼子！保证对得起乡亲们，对得起你呀，我的亲娘、母亲，我的妈妈呀你……"

戎冠秀早已在主席台桌边站起来了，也早已泪糊了一脸，她说："所有我们村侍候过的伤员临走，都要冲我扑腾跪下，喊我亲妈。我们共产党、八路军是不兴封建跪拜的呀！可战士们非要这样，我实在忍不住也当头对面跪下去，抱住他们就哭！……他们都是有大功的呀！我算个啥哟！……今天还同这么多首长一起，坐在台上！……"

这时主席台上几位首长早也站起来了。程子华同志已走到台口上，侧身对着拿头巾直擦眼泪的戎冠秀说：

"戎妈妈！你同样立了大功！我们的战士完全应该尊重你，把你当亲妈一样地跪拜！"程子华同志满脸严肃，一身笔挺地举手向她行了个军礼道：

"我代表军区聂司令员，代表晋察冀军区全体指战员，向子弟兵的母亲戎冠秀同志致敬！"

全场热烈鼓掌，春雷震动，所有英雄模范和干部战士都一张笑脸，一眶热泪，身子激动得直往上跳。

晚上，大会专为戎冠秀举行了庄严、隆重的授旗典礼。军区副政委刘澜涛代表边区党政军民宣布，赠予戎冠秀"北岳区拥军模范——子弟兵的母亲"光荣称号，扼要向到会的数千军民介绍了她的事迹，并亲自授予一面大红锦旗。这面锦旗是大会秘书处集中众多同志的智慧和心血在一天内突击制成的。大红布底，红旗正中上方剪贴了戎冠秀半身侧面剪影画像：她头挽发髻，脖围白毛巾，显示了子弟兵母亲慈祥、善良的性格和刚强、无畏的英雄风采，头像底部横写"子弟兵的母亲"六个大字（李克民毛笔书写，剧社几个女同志用黄布剪贴而成）。奖旗的设计，别出心裁，满面生辉。戎冠秀在热烈的军乐声中登台接旗，全场响起经久不息的雷鸣般的掌声。这面奖旗，后来就收藏在西柏坡纪念馆展厅里。授旗仪式后，晚会开始，演出多幕话剧《子弟兵和老百姓》。这次授旗典礼对全边区的拥军优属工作起到了极大的推动作用。

群英大会胜利闭幕。大会结束后，边区党政军民领导机关和驻地部队、民兵、群众热烈欢送英模代表返回战斗岗位。欢送的人群排成长队，夹道敲锣打鼓、呼口号送行；军区、边区的首长亲扶身披大红花的著名英雄骑上大马或驴骡。当李志民牵着奖给戎冠秀的栗红大骡，军区副政委刘澜涛、政治部代主任朱良才亲扶戎冠秀骑上骡背，李志民牵着骡子缓缓从人群中穿过，朱良才率军区直属队全体指战员欢送戎冠秀，并派一个班的战士护送她一路回家。同时，军区抗敌剧社胡朋、胡可与画报社的摄影记者相随，戎冠秀激动得热泪盈眶，连声说："感谢共产党，感谢毛主席，感谢边区首长！"

这种"牵马随镫"的大礼，表达了全边区子弟兵对子弟兵母亲的无比崇敬和感激之情；这种共产党的高级干部为群众"牵马随镫"的举动史无前例，所以，在全边区一时传为佳话并流传至今。

喜讯通过电话传到县委,县委立即通知各区沿途村庄组织群众夹道欢迎。很多同志近前仔细观看了边区授予戎冠秀同志的红色奖旗,竖旗中间剪贴着六个大字"子弟兵的母亲",上面剪贴着戎冠秀侧身头像,下边并排剪贴着"军区司令员兼政治委员聂荣臻,副司令员肖克,副政治委员程子华、刘澜涛,政治部代主任朱良才率子弟兵全体指战员",日期"1944年2月13日"。分区开过欢迎大会,平山县委在驻地东黄泥开了欢迎大会,然后由县委孟家庄区派代表与军区来的那班战士,一起把戎冠秀护送回村。

2月中旬,农历还在正月,那天对于平山县观音堂乡下盘松村的村民来说,是个令人激动的日子。这天,刚获得"子弟兵的母亲"荣誉称号的戎冠秀载誉归来。

这天早上,下盘松村的群众,一个小时前甚至更早就开始行动,扶老携幼聚集在村边的打麦场等候了。那里是村子里最平整的地方。他们穿着过年的新衣服,完全装扮一新,这是他们的节日盛装。他们怀着激动的心情,完全不怕有些刺骨的凉风,因为他们的心里都充满兴奋,他们要用饱满的激情欢迎去参加晋察冀边区首届群英大会的代表、连任6年的妇救会主任戎冠秀。村民聚集的地方总是热闹的,男男女女兴高采烈地聚在一起,本身就有说不尽的话题,唠不尽的家常,问候声、寒暄声和孩子们的打闹声,偶尔传来几声大人斥责小儿的声音,混合着鸡鸣声、狗叫声不绝于耳,这是个充满活力的早晨。连平日轻易不出门、不参加大会的老头子和老婆子也都来了,大家说:"这是咱村的体面事,说什么也得来欢迎老会长哩!"村里布置了锣鼓队,还派出了童子军到离村几里外的山路上瞭望,让他们一见到戎冠秀,就赶紧回村报告。

离村子还有一里开外,戎冠秀一行人就听到了村里传来的锣鼓声。乡亲们挤满了场院,戎冠秀一走进村里,就被乡亲们围了上来,护送她回来的队伍自动拉开距离,看着戎冠秀接受乡亲们的热情问候,乡亲们拍着巴掌,喊着口号,上前替她牵住骡子,送上温水,又问长问短,恨不得让她把到边区开大会的事一口气说完,说不尽的亲热!戎冠秀也被这热情感染着,她早早就跳下骡背,快步走上前来,紧握乡亲们的双手,和乡亲们打着招呼。儿媳郝爱妮和大女儿荣花上前紧紧拉住母亲的手,仅仅离别几日,日子却是那么漫长,戎冠秀有好多话要和家人说,家人也早已期盼她的归来了。爱人李有从别人手里接过骡子的缰绳,上上下下打量着,拍拍骡子的脊背,张口笑了。几名群众抢先把那面红色的锦旗抖开了,大家伸头探脑,仔细瞧上面的像、上面的字……戎冠秀十分兴奋地为大伙讲述着开会的情景,场院里不断发出一片赞叹声和热烈的掌声。

奖品分给乡亲们

1944年2月14日，晋察冀边区第一届群英大会胜利闭幕。晋察冀军区政治部代主任朱良才同志亲扶戎冠秀骑上栗红大骡的骡背，军区政治部副主任兼组织部部长李志民牵着骡子缓缓从人群中穿过，朱良才率军区直属队全体指战员欢送戎冠秀，并派一个班的战士护送她一路回家。

戎冠秀从子弟兵的敬爱里，感到了从未有过的无上光荣，她说："我回去后，要更加进步，不能和过去的'平均'，平均了，可就对不起子弟兵这样爱戴我了。我回去要把这骡子配上鞍，给抗属们代耕去。优待抗属工作要一户户地跟着去看，把妇女劳动力组织得更好，叫能力大、做事靠实的去帮抗属耪地送粪，叫能力一般的去推碾，我每次出去拾粪，一定要带动两个妇女。我们一定要多打粮食，多交公粮，让子弟兵和老百姓都有吃穿！我回去,更要好好招呼部队,冬天我动员妇女们腾暖和屋子,夏天抽凉快的房子给部队住。伤病号要到我那里,没有问题,站长都要通知我一声,让我们妇女去照顾。"

戎冠秀在晋察冀群英会载誉而归的消息通过电话传到县委,县委立即通知各区沿途村庄组织群众夹道欢迎。当戎冠秀从阜平县经灵寿进入平山县的第一个村庄两界峰时,妇女们扭着秧歌,儿童打着霸王鞭,民兵自卫队扛着步枪、红缨枪,列成整齐的队伍,敲锣打鼓,迎接她光荣归来。自北向南,会口、寨北、苏家庄、李家庄、郭苏等几十个村庄的老百姓和驻扎在平山的一些八路军官兵都站在大路旁,高呼口号,夹道欢迎。驻扎在平山的四分区党政军领导机关在专署驻地北庄村召开了欢迎大会。分区开过欢迎大会后,紧接着平山县委在驻地东黄泥也召开了欢迎大会。然后,由县委孟家庄区派代表与军区来的那班战士,一起把戎冠秀护送回村。

面对从未有过的殊荣,戎冠秀方方面面的工作更上劲儿了。回村后,积极响应边区号召,为了支援前线开展大生产,立即把群英会上"争当劳动英雄"的誓言付诸到实际行动里。她向村干部传达了群英会精神,马上投入到制订家庭生产计划、发动群众、组织拨工互助、带领全村开荒种地的大生产运动中。

她走家串户,到处宣传:前方打胜仗,需要衣和粮。垦荒大生产,供足前方粮和棉。她和村干部研究,成立了垦荒团。大伙选她当团长,她说:"我没别的本事,就会干活出力气。叫我干,我一定要一心一意干好。"

从晋察冀边区群英会上回到家时，戎冠秀用上级奖给她的钱，自己又贴了40元钱，买了一匹白布，当荣花看到母亲买的那匹白布时，抱着布匹在屋里高兴地转圈圈，边转边说："娘，这回你可该做件新衣裳了，看你那棉袄破的！"随同戎冠秀一同回到下盘松村，在抗敌剧社工作的胡朋、胡可，也好想让她做件新衣穿！可是到了晚上，戎冠秀组织全家人开了个家庭民主生活会，在会上，荣花又抱起了那匹布，戎冠秀看了看荣花说："这匹布我早就想好了，咱村里家家户户，每家一双鞋面布，拥军优属是大伙儿的事，也不是我一个人干的。"接着又谈到其他物品的处理意见，她说："三把铁锨安上把，写上我的名儿，做个纪念，村里人谁使谁拿去，那匹骡子咱们喂养，先紧着给抗日军属用，抗属不用时，村里没有牲口的户谁使谁牵去。"她转身问家里人："你们同意不？"戎冠秀的丈夫李有当时是农会主任，大儿子李聚金又改选当抗联主任，二儿子李存金在外村放羊也回家了，三儿子李兰金是青救会主任。家里当干部的多，所以全家人都表示同意。那匹白布分到最后不够了，戎冠秀就又买了块白布，让村里每户都够一双鞋面布。村里人见戎冠秀这样做，就都说："老会长把心都掏给咱了，以后就跟着老会长好好干吧！"

她只用了一两天工夫，便制订好自己的生产计划。为此，村干部们专门为她开了个会，为保持她的光荣，村长赵瑞首先表态支持："她有什么困难，提出来，咱们一定解决。"大家都表示："戎冠秀光荣，咱们全村都要光荣！"她报告了自己的计划，县议员韩永年（下盘松村人）说："咱们不但要帮助她完成计划，而且还要使她超过这个计划,她说要开10亩荒地,打一石粮食,咱们要保证她开5亩荒地,就能打一石粮食。"会上,她的每一条计划都得到了村干部的认可和喝彩。

为了方便大家生产,她把群英会上奖来的栗红骡子喂得膘肥体壮,供乡亲们耕地、送粪用,不仅本村使,邻村上盘松、湾子村的人们也常来借。她宁肯和闺女、媳妇抱着碾棍推碾,也要让出骡子让乡亲们去搞生产。她说:"骡子是政府奖给的,乡亲们用它种地多打粮食,支援前线,这才对得起政府和子弟兵。"有的乡亲使了牲口外带送些草料来。她总是推辞说:"用骡子搞好生产,多打粮食,支援前线,比什么都强。给啥草料呢!"

把劳动和生产上的事安顿下来,她还惦记着群英会上边委会主任宋劭文宣布的第八条决定:战斗英雄、劳动英雄与战斗模范工作者在回去后,应同边区党政军领导机关经常密切联系,将战斗与生产成绩及时反映上来。于是,便在晚上,由兰金和喜花帮助,给边区首长写信,报告近况。

军区聂司令员、程刘副政委,边区政府宋主任及各位首长同志:

离开你们已经半个月了,不知你们身体好不好?你们给我的指示实在强,我不认识字,没有能写下,实在对不起你们,不过我心眼里忘不了你们的指示,我回村来以后,就把那天大会的事一五一十给他们大家学说了一遍,全村开会欢迎我,又开干部会和家庭会把我二小子也叫了回来，讨论了我的生产计划，全村干部都愿帮助我把计划完成。前天收到了你们给我打（寄的意思）的照相，昨天又有人把报上登的我的事念给我听。你们赠给我的"子弟兵的母亲"称号，我实在不敢当哩，我今后一定把拥军工作做得更好，我也跟站长说了，有了伤兵一定先通知我，让我去给他烧炕烧水，万不能叫同志饿着冻着。关于生产方面，我更要努力，只能超计划不能叫完不成。我一定要对得起我的首长们，希望你们不断地指导和检查我的工作。

  致以
革命敬礼！

      平山四区下盘松村　戎冠秀上
         2月27日

第二天，她又给边区抗联主任杨耕田和抗联妇女部长写信。

杨主任、妇女部长：

  我回来的一路上得到各村的欢迎，白岔、南寺、团泊口、六亩园、盘松村都召集了大会欢迎我，我实在承受不起，我做得实在不够，在每一个会上我也都讲了话。

  我把上级赠给我的3把铁锹、一把镢头都安了新把，写了我的名字，放在村里使用，我把政府奖给我的钱，自己又贴上40元买了一匹布，分给穷苦的乡亲们每一家一对鞋面,骡子是大家使用,你们说我这样处理对吗?

  我不懂什么,希望往后你们要多指示我,检查我的工作,我一定很好的工作来回答你们对我的鼓励!

  致以

敬礼!

戎冠秀上

2月28日

边区领导收看了以上两封信后,十分高兴,均予推荐公开刊登在1944年3月10日的《晋察冀日报》上。

"三遭米"运动

抗日战争刚开始，八路军初到平山，粮饷都是就地供应，八路军走到哪里吃住到哪里。1938年1月，晋察冀边区行政委员会成立后，军队所需粮款，均由边委会统收统支。1939年6月后，边区实行统一征收公粮的制度。平山成为晋察冀边区的中心，有晋察冀军区及其直属部队，如军区供给部、政治部、后方医院等。晋察冀中央局及其直属部门，第四军分区及其直属部队，如第四军分区供给部、政治部、后方医院、军需工厂等。还有华北联大、手榴弹厂、五团、一二零师一个团、一一五师一个干校，平、井、获游击队等，再加上地方各机关团体，如地委、县委、工农青妇、县区政府人民武装等，总共供给人数大约一万以上，每人一年食用粮食两石，一年需要两万余石。当时边区军工部、供给部、卫生部、后方医院、修械所分散在卸甲河、柳林河周围村庄，当地村庄的支前任务特别繁重。

戎冠秀在下盘松担任妇救会长，领导全村妇女积极做抗日支前工作，她带领妇女碾公粮，做军鞋，缝军衣，虽然任务繁忙，但她都是亲自收军鞋、军衣、军粮，严格把关，从不含糊。当地至今流传着"三遭米"运动的故事。

为除净公粮米里的砂子、糠皮、烂米，她和妇女姐妹们提出"三遭米"的做法，即收打的小米，经过三"遭"，成为无砂子、无糠皮、无烂米的"净米"，才能交公粮。第一"遭"，主要是簸和拣，一点儿一点儿用簸箕簸，再靠眼力劲儿把米中的土坷垃、砂子、小石头等杂物清理掉；第二"遭"是抖和扇，无风的时候扇，将米摊在碾盘或光溜干净的地面上，用扇子扇，只要稍有点儿风，就高举双臂，一点点将簸箕中的米倒下，让风把糠皮、草节儿等吹出去；第三"遭"是筛，用细米箩筛，把碾烂的碎米筛出去。三"遭"下来，这米黄澄澄的，一点儿杂物没有，免淘洗直接下锅。戎冠秀要求大家交这样的净米，为的是战士们在紧张的战斗中，能直接从米袋中挖出来就下锅，做出的饭不会碜牙，不会有糠皮，也不会因烂米多而难吃。

戎冠秀当着大伙儿的面说，就有妇女在下面小声嘀咕，戎冠秀听见了，就大声吆喝："谁在下边咬耳朵？有话大声说，让大家都听听。"那女人就站起来说："咱自家吃的米也没那么细致吧？大姐大嫂们，你们谁家的米收拾那么仔细？""就是，那得背多少工啊。"有人轻声附和。戎冠秀听了，大声说："对，是不一样。咱们锅里下米，哪个不淘？有些个砂子糠皮什么的都淘出去了。军队上就不一样了。军队在前方打仗，比不上咱们在家里方便，说不定打仗紧了，找不到瓢，顾不得淘，找不到簸箕，顾不得簸，就把米全倒到锅里了。要尽是砂子、烂米、糠皮，那吃了可不卫生。"戎冠秀还说，战士们天天打仗行军，米袋子免不了剐剐蹭蹭，针尖儿大个小窟窿，指不定漏出去多少小碎米呢。看到多数妇女点头，又见那两个提意见的妇女低下了头，戎冠秀挥挥手强调说："碾公粮，就要把烂米、砂子都拣掉，糠多簸两遍。"

戎冠秀带着大儿媳、闺女碾米，不时地伸手从碾盘上抓起一把米来，在手心捻开，吹吹有没糠皮，瞅瞅有没有砂子和烂米，看到哪怕一粒砂子、一个糠皮、一粒烂米，她都要再收拾，簸一遍不行就簸两遍、三遍……直到实实在在成为她要求的"净米"为止。戎冠秀推碾的时候，还真有两个妇女偷偷从墙角向碾盘望过来，想看看她们婆媳究竟怎么碾公粮，但看到戎冠秀端着簸箕簸米，荣花和喜花低头在碾盘上拣砂子，李有、兰金用大蒲扇扇糠皮后，打心底服了。"可不敢打马虎眼儿了，看看老会长，就差一粒米一粒米去拣了。真得好好收拾，让老会长看出不干净来可就难堪了。"她们逢人便说。

"没砂子没糠我信，真个还能没粒烂米？"一位大爷不以为然，戎冠秀就让他看自家准备的公粮，大爷伸到布袋里面抓出一把米来，瞪大眼仔细看，这一看，他真信了。

戎冠秀应交小米60斤却交了90斤，还动员一个富户多交了60斤细粮。收公粮那几天，她不停地在下盘松和湾子两村来回跑，一个碾盘一个碾盘地转，检查各户的公粮。

"你瞭瞭。"谁家不是"净米"，戎冠秀就让他自己"瞭瞭"："这可不沾，再收拾收拾吧。"

下盘松不但交的军衣、军鞋是最好的，因着戎冠秀的"三遭米"运动，他们交的公粮也是最好的。

组织拨工队

"学习韩凤龄，争当劳动英雄。"涞源在大"扫荡"中仍然获得生产大丰收的女模范韩凤龄，在边区群英会上已成为戎冠秀心中的榜样，她暗暗下定决心，一定像韩凤龄那样，把全家、全村的生产搞上去。

戎冠秀悄悄制订了自己的生产计划，她想，自己家都搞不好，怎么让全村的生产搞上去？必须先把自己的家庭组织起来。在第一次家庭会议上，全家共同订出了全年的生产计划。会上，李有提出增加生产，保证一个人6天耕完12亩平地，半月内把粪全送到地里，立夏前把庄稼全种上；大小子聚金保证两天把2亩荒地刨完，不占整工修出2亩梯田；二小子存金放羊外捻线织毛袜子，供全家8口人穿；三小子兰金除跟爹下地外，全家人的抗战勤务由他一个人去出。大媳妇也下地，俩闺女做饭，忙时下地。

戎冠秀拾粪，耕地时拉牛，耙石头，下种时点籽，在家就剥麻、纺线；她对全家人说："我们今年的生产要做得更好，和往年平均就对不起首长们了。"

在民校里，下盘松村村干部们开会研究戎冠秀的生产计划。村长说："戎冠秀为咱们下盘松长了脸，她光荣了，咱们全村跟着光荣。她要学习韩凤龄，争取更大光荣，咱们也不能落后。她有什么困难，提出来咱们一定解决。"村干部都表示："咱们全村都要光荣呵！"

戎冠秀报告了她的生产计划，县议员韩永年说："不但要帮助她完成，而且要超计划完成，她说开 10 亩荒地，打一石粮食，咱们保证她开 5 亩荒地也要打上一石粮食。"戎冠秀坦白说，她的计划留有余地："说得少，做得多一点好，要不怎么能对得起上级。"

她的生产计划每一条都得到干部们的喝彩。下盘松村的人们向来就赞成老会长平日的吃苦耐劳。每天人们还没起炕她就拾满了一筐粪回来了，大年初一也和平常一样。摘花椒她一个人能顶好几个人；她点的玉蜀黍不稀不稠匀匀溜溜，一棵棵玉米绿油油地壮，九个十个棒子就能打一升，人们打地边走过，立眼就能看出是她种的地。

会上，戎冠秀向村干部说，在群英会上，她已向领导汇报，说回去把骡子配上鞍，给抗属们代耕，一户户地跟着做好优待抗属工作；把妇女劳动力组织得更好，叫能力大、做事实在的去帮抗属耪地送粪，叫能力一般的去推碾、拾粪，一定要多打粮食，多交公粮，让子弟兵和老百姓都有吃穿。村干部根据戎冠秀的提议，结合县里、区里精神，决定在今年的大生产运动中，全村有计划地组成拨工小组，拨工小组各人吃自己的饭，集体干活。戎冠秀当场表示，组织拨工队，先照顾抗属，还有缺劳力的户；还有，有些活儿，大家七手八脚干，比一家一户干快很多。有村干部问她，像戎冠秀干活利落，摘花椒什么的活儿，她一个顶好几个，而有些人手头慢不说，还不舍得下力，要是拨工，不觉得亏？她说抗属家顶门立户的男人上前线打仗了，牺牲了，人家觉得亏不？斤斤两两算细账，太小家子气。她保证把全村妇女发动起来，还表示，她做工作，一定动员李有和孩子们带头参加拨工小组。

回家后，戎冠秀又召开家庭会议，传达村干部开会精神，表示，她要组织下盘松的妇女参加拨工队。大小子聚金是沙坪的抗联主任（他家在沙坪有4亩多平地，大小子两口儿住在那儿），他保证把沙坪的拨工队组织起来。李有是下盘松的抗联主任，保证把村里的男人拨工队组织好。事后证明，他们都没有食言，在春耕生产时，下盘松妇女拨工队、男子拨工队，还有沙坪村的拨工队都行动起来了。

戎冠秀与干部分工，一人帮助4户开家庭会议做计划，事先帮助他们准备会议内容，个别动员发言，使全村53户有49户开了家庭会议，做了户计划，一些户明确表示，今后，每个季节前都开家庭会。

戎冠秀组织妇女们开会，给大家讲明拨工的好处："下雨了，墒情好，五六个人合伙儿，连翻带点种，很快一块地就收拾出来了。要是自个儿去干，等地晒干了，也点不上籽儿。做别的营生也一样，人多了，人能拿住营生，人少了，营生就把人压趴下了。你们琢磨琢磨，是不是这个理儿？"妇女们想想也是，老会长这么能干都肯拨工，咱还等什么呢？戎冠秀一家一家串门槛、坐炕沿，给大家讲参加拨工队的好处。几天之后，下盘松妇女自由地组成了8个拨工组，除一组3人外别的组都是5人。戎冠秀被选为拨工队长，因为妇女们识字不多，每组请了个小学生帮助记工，5天开一次小组会，互相批评检讨。10天一拨工，半月开全体大会，各组向队长报告拨工情形，并由大家讨论下个季节营生的拨工办法。起初，下地时有些人去的太迟，戎冠秀提议建立起打钟制度，并由她管理，每天人们都听她的钟声作息，第一遍钟声起床，第二遍下地，第三遍就有人领头检查。她和大家商量后共同订了一个公约，把一天分成5分：早晨1分、上午2分、下午2分。锄苗等地里营生，一天顶工5分。摘花椒，铺底子，推碾，因苦重，一天顶7分，比方说推一天碾或摘一天花椒、铺一天底子，顶其他营生一天零一个上午的活儿。

从推碾、抬水到摘花椒、撒玉茭都进行了拨工，推碾、抬水你帮我一回我帮你一回地轮流，拾粪是每天把各组的人分成数路到村外去拾，每天每组还轮流派两个人跟牛群去拾粪，拾回来按工分粪。一个人做鞋太慢，她又组织了铺底子拨工。锄苗、收秋等营生是各人吃各人的饭，一人一天地轮流拨。秋天忙时，花椒不值钱，谁也顾不上摘。戎冠秀便带着妇女拨工组下手，她是个摘花椒能手，一人顶两个人，但她给人做一天，只叫人家还她一个工。秋天时为了准备反"扫荡"，实行快收快打快藏，妇女拨工队一齐下地切谷穗、摘豆角、撇玉茭，一次情况紧张，男人们都出差了，戎冠秀领导着妇女拨工互助，一天要把全村的粮食"坚壁"出去。而夏天的苗全是妇女拨工队锄的，秋天的花椒大部分是她们摘的。妇女拨工队每天早早下地，大家嘻嘻哈哈连说带笑地劳动，让一些不愿参加劳动的妇女都起了心思。大姑娘韩三莲和"大家闺秀"一样，整天待在自家"绣楼"，从来不下地劳动。戎冠秀就找到她家里，给她讲妇女们在拨工队连说带笑一起干活的情形，硬是把个"大小姐"说动了心，跟戎冠秀一起参加了拨工队。

在妇女拨工队的影响下，男人们也拨得顶红火，男人拨工组共7个，每组六七人不等。而且，男女拨工组互相配合得顶好。比如秋收中，要给谁撇玉茭，男女便一齐给拨工，妇女们撇，男人们往场上背，这样，全村的庄稼都做到熟一块收一块，打一点藏一点，一点儿也丢不到地里，也不会因天气霉了烂了。

秋收中，戎冠秀家的庄稼，全是拨工收回来的。割谷那天，妇女拨工组给切谷穗，男人拨工组给背回来。收大庄稼时，妇女拨工组给撇玉茭，男人拨工组给背到场上。

戎冠秀每天打钟催大家下地前，她早已背了一捆柴或拾了一筐粪回来。她天不亮就起来了。全年内她不占整工，拾粪30担，拾柴4600斤，春耕时，9亩玉茭两天就种上了，并开荒10.5亩，超过了原计划一倍，可是，却累病了。分区首长知道后，马上慰问她，她更高兴，病好后更积极地生产，每亩地多上了30担粪，年终总结，全家增产9石9斗3升，牛增加1头，猪增加3头，大大超出了当初制订的生产计划。戎冠秀的家庭生产计划推动了全村，全村向戎冠秀看齐，每亩旱地都要上60担粪，水地要上80担，那年，下盘松村的庄稼长的顶强，大麦平均每亩比1942年多打5升，小麦多打3.5升，全村开荒15.1亩，增产粮食105石1斗。

边区政府发动群众抗战支前后，戎冠秀就担任了下盘松村的军属代耕团长，自己带头并组织村里的妇女、男子为抗日军属上粪、翻地、播种、收秋。从群英会回来，她当了村子的妇女拨工队长，更是没有忘记自己在群英会上对领导的承诺，时时刻刻想着帮助抗属解决生产生活困难：一年中，她帮抗日军属及无劳力的户干活33个工。她经常带领妇女给抗属拾粪、推碾、做针线、锄苗、摘花椒……地里活儿都是先给抗属做，每个季节前，她都要动员全体会员和童子军帮助抗属。压肥时，头一天她家就给抗属割草300斤，以后又领一个妇女，给7家抗属割草550斤，儿童割了523斤，全村给抗属割柴3370斤。一次给抗属割柴，李有脚上长疮，别人不让他去，他不听仍拐着脚去割了。戎冠秀给抗属赵三元修了能种100棵的瓜壕。

下盘松村每一个人受了戎冠秀的开导，都愿意和她在生产上比赛。他们相信自己的老会长，也全力支持老会长赛过韩凤龄和张树义，成为响当当的边区的劳动大英雄。

1944年末，戎冠秀被选为平山劳动英雄，出席边区二届群英会，真正实现了她的愿望，成了和韩凤龄一样的劳动英雄。

1945年五专区提出开展学习戎冠秀活动,号召大家向她学习,各地妇女组织起戎冠秀小组,发动工作、学习的竞赛。

戎冠秀虽然两度被选为英雄,受到了边区广大军民热烈拥护,但她从不因此而骄傲自满。她常向人说:"没有共产党,就没有我这个英雄,没有上级的培养,没有村干部和乡亲们的帮助,也没有我这个英雄;没有军队在前方作战,更没有我们后方的太平。因此,我这个英雄的称号,不是我个人的光荣,而是全下盘松村的光荣……"

戎冠秀冬学

由于贫苦,戎冠秀没有机会到学校上学识字。共产党来到下盘松村,戎冠秀将近50岁的人了,是不小的年纪了。

到了冬天,地净场光,村民闲了,区政府就布置开展冬学工作。戎冠秀开会回来,就和干部进行了讨论,然后召开群众大会,自由组合学习小组,经费由大家自备,大家选出冬学委员会,下盘松村掀起了学习热潮。戎冠秀被选为冬学的校长,冬学的名字也叫"戎冠秀冬学"。

戎冠秀除了集体学习外,自己还想了几个学习方法:黑板学习法,她做了个小黑板,把学习的字写在上面,随身带着,做饭的时候就放在灶火的边上,一边烧火一边学习,推碾时,把黑板放在碾盘旁边,一边箩面一边认;纸条学习,把学的字写在纸条上,得空就拿出来认,干什么学什么,有一次到区里开会,她请教员给写了

"开会"二字，就反复比着画，以后再听到"开会"，不由得用手比画，看到纸上的"开"字"会"字，也能认出来；吃饭前后，开会前后，都拿出黑板或纸条来念，无论多忙，每天也得学一个字。

这就是戎冠秀的纸条学习法，很快人们都开始学习她的办法。

白天，妇女们三三两两在一起做针线，戎冠秀笑呵呵地来了，她把鞋底往膝上一搁，从口袋里掏出个纸条来，上写"做鞋"两个字，那是戎冠秀发明的记事学习法，这两个字其实她已经学会了，但她故意和人讨论，接着其余几个人就会掏出同样的纸条来，不同营生，不同的字，互相问问，写写。

晚上，戎冠秀打上学锣督促大家学习，锣声在嬉笑的人群中响了，村民各归各组，街上立刻寂静。

学习小组按喜好、年龄、文化水准等自由组合，小先生也自由聘请，一般小先生都与家庭结合，如儿子教母亲、侄子教叔叔等。

戎冠秀参加的那个学习小组，一共5个人，后来扩大到8个人，自己规定了学习公约，以后这个公约就变成每个组的了。全村20名妇女组织了4个组，男的23名组织了5个组，青年自学组13人，不少的人做了自己的学习计划，准备了小黑板。戎冠秀这个小组学习最好，每组都派人上她组学习一个星期，再回去领导本组，他们把这个人叫作留学生。

全村有刚生孩子的妇女，反正不能出门，干脆白天黑夜都学，那就是一个人一组，都有小先生。

最有趣的"老头组"，戎冠秀计划以她丈夫李有为骨干，都是50岁以上年岁，挤满一炕抽着旱烟，学习珠算，讨论政治。戎冠秀督促着别人学习，挤占了自己的学习时间，她就叫闺女喜花在家给她补习，炕头锅头都用粉笔写得满满的。她还跟丈夫李有比赛，有一天李有要去开会，戎冠秀说："别走，写上'开会'两个字再走。"随手递给他粉笔，李有说："我只会认，还不会写，但是我学会了珠算，等回来咱们比一比。"

下盘松村的学习，是与戎冠秀分不开的，她苦口婆心动员村民上学，她说：你没有东西我可分给你，字是没法分的，只能靠自己学，我们可不敢落后，叫儿童变成睁眼瞎那可不好了。她到处讲着某某村一个不识字的人，吃了一个麻糖（油条）给了50块钱的故事。

下盘松村除50岁以上的老婆婆之外，只有两个中年妇女没上学，戎冠秀很不安，常常和村长讨论动员这两个人上学的办法。

开学以后灯油不够，戎冠秀号召克服困难，男人打柴、刨大黄（一种中药材，可以卖钱），妇女做棉鞋、砸核桃，两个月每人平均挣了一百多块，足够用来购买灯油了。

戎冠秀每天到各小组检查，看见屋子里在学习，就悄悄地走了，如果没有学习，才进去问问为什么不学习，是不是有什么意见。

为了动员学生，她自己掏了160块钱，买了两刀麻纸，交给村长，分给冬校学生。

1944年11月10日，他们进行了一次测验，12天内，妇女赵明秀认生字44个、赵兰朵认生字49个、一般人都认20个以上，戎冠秀虽然年岁大也认了16个字。3个月后，她都学会100多个生字了。

太行深处种棉第一人

抗日战争最艰难的时期,下盘松村的青壮年男子纷纷走上前线。在艰苦的环境里,戎冠秀带领全村妇女,积极赶制军衣军鞋,拥军支前,挑起了支前和农业生产的重担。

1944年3月,戎冠秀到县城参加"三八节"庆祝会,晚上就住在县城,她见女房东用纺车纺线,一手摇着纺车,一手手中的棉花条子就变成细细的棉线缠绕在线锭子上,一会儿工夫,白白胖胖的一个锭子就纺成了。女房东告诉她,先将棉花纺成线,然后再用织布机织成白布,将白布染色,就能做各种衣服。想到八路军战士缺衣少穿,深山区的老百姓穿破衣烂裳,她特别想学学纺棉织布。她央求女房东教教她。开朗的女房东让她直接上手,右手怎么摇纺车,左手怎么抻棉条,怎么两手配合将棉条抻成棉线缠成棉锭子,女房东手把手教她,她学得特别上心,都过深夜了，灯油添了一回又一回，戎冠秀越学越上劲。女房东去睡觉了，戎冠秀把脚上穿的一双新棉袜子的棉花掏出来，搓成棉条，独自试着摇起纺车。开始纺车不听使唤，摇慢了，拉不出线，摇快了，要么断线要么线细得像头发丝儿。整整一个晚上，两手终于协调了，摇车、抻线能配合起来了，她学会了纺棉花，心里特别高兴。第二天参会的时候，县妇救会长听说戎冠秀学纺棉花，很是高兴，给她鼓劲："光你学可不沾，你得让村里的姐妹们都会纺棉花，都会织布。"戎冠秀把妇救会长的话记在心里。

下盘松成立垦荒团，戎冠秀任团长。在山坡上披荆斩棘造出一块块梯田，破天荒地打破了山区妇女不参加田间劳动的习惯。开垦出来的地怎样使用，也是戎冠秀考虑的重要问题。战士们不仅要吃而且要穿。当时，做军鞋、军衣需要大量的棉花。她想到了在县城向女房东学纺棉花的那个夜晚，更想起了县妇救会长交给她的任务。要是让妇女姐妹们都学会纺棉花织布，那支前工作可就进了一大步。可是纺棉花先得有棉花啊。去哪里弄棉花？自己种！对，自己种！戎冠秀决定种棉花。但是她们村里地势高寒，别说种棉花，连棉花棵子长什么样子都没有见过。"不会就学，不懂就问"，鼻子底下有嘴，可以问啊！村里来来往往的八路军干部、战士很多，戎冠秀碰着山外来的人就问人家种没种过棉花。只要人家说种过棉花，戎冠秀就缠住人家，打破砂锅问到底，非要问出个所以然来不可。她打听到滹沱河沿上有种棉花的，就带了干粮，跑几十里山路去参观，向种棉能手请教种棉方法，看人家怎么定苗，怎么整枝打杈，认认真真学习，对怎么种好棉花心中也有了个七七八八。既然学习了，就要实践，她抱着试试看的态度，选了一块土质好、阳光充足的阳坡地，开出一块试验田。"粪大水勤，不用问人"，她把种其他庄稼的法子用在种棉花上。连续多个早上，她带着几个妇女姐妹背了比其他地块儿多得多的猪羊粪当底肥。一场透雨过后，墒情正好，她和姐妹们深翻地，把地翻得暄腾腾的，然后浸棉籽儿，播种；发芽了，她天天去地里看棉花苗有啥变化；天旱了，她们就从沟里担水浇灌；下场雨锄一遍地，将地锄得松松的，一根杂草不生。三伏天，地里蒸笼一样，戎冠秀钻在棉花棵子间整枝打杈。不论区里还是部队路过的干部战士，只要问讯到是种过棉花的，她都拉着人家去看自家种的棉花，请教与种棉有关的问题。什么打顶摘尖、清侧枝扳子杈，怎么治虫，怎么防止落蕾落铃儿，她都问个清楚明白，按人家指导的方法去收拾。随着时间的推移，棉花开花了，结铃了，挂桃了，她认真观察，十分开心。功夫不负有心人。秋收时节，棉花丰收了，满地的棉桃绽开了嘴，白花花一片，戎冠秀仿佛看见这白花花的棉花被制成军装——单衣、棉衣，穿在了战士们的身上，她心里别提多高兴了。丰收美在心里，笑容挂在脸上，成功才是最重要的，有了成功的经验，明年就可以大面积推广，就可以生产更多的棉花，就可以解决更多战士的穿衣问题，也就是对抗战尽了一份更大的力量。戎冠秀的孙子李耿成、孙女李秀玲的回忆文章认为：戎冠秀是太行深处第一个种棉人。

有了棉花，接下来就是推广纺线。她又跑到那次县里开会时的房东家，颇费周折，买来下盘松第一台纺车。召集村里的妇女，个个手把手地教纺线。有些小心眼儿人，怕纺线糟踏了好不容易收成的一点棉花，戎冠秀就把自个的棉花全献出来做实验品。没过多久，戎冠秀便把连纺车都没见过的大姑娘小媳妇训练成了一个个纺织能手。她带着妇女姐妹们，白天上山劳动生产，晚上在家纺线织布，大生产运动搞得热火朝天。

纺线时，为了鼓舞大家的情绪，她还编了顺口溜：

> 白天种地又开荒，
> 晚上灯下纺线忙。
> 纺出线来织成布，
> 千针万线缝衣裳。
> 衣鞋送到亲人手，
> 子弟兵穿上打胜仗。

不久，村里用自己种的棉花自己织的布做了第一批军衣，很快被送往部队，穿在了人民子弟兵身上。

花袄风波

曾担任过中国作协书记处书记的湖南省文联原主席、著名作家康濯在戎冠秀去世之后写了纪念文章《对老会长的永恒怀念》，回忆了很多他在晋察冀工作时与戎妈妈交往的故事，其中有一件戎冠秀帮助华北联合大学文工团在下盘松演出借花袄的故事。

1939年7月，华北联合大学师生1500余人从延安地区起程，东渡黄河向华北敌后根据地进发，9月下旬到达晋察冀边区。当年12月，日寇进行冬季"扫荡"时，华北联合大学向平山转移，其中，文工团日夜兼程来到下盘松村。大家号房子、借炊事家什都很顺利，当遇到某些困难时，就听村干部说："找老会长吧！"

当时，晋察冀边区的百姓一般称村里的农会主任为"会长"，但在下盘松，文工团却发现人们所说的"老会长"是指妇救会主任戎冠秀。在村里住下来，大家发现戎冠秀不仅管妇救会的事，村里的大事小情她都管，人们一有事都愿意找她。每天，她在街上风风火火忙个不停。

一两天后，文工团要为村里演戏。没有舞台，长途行军后幕布很少，服装、道具缺少。于是全村动员，干部们负责弄木头、搭台子；寻幕布、找服装便成了老会长的事。村里一个中年汉子有件皮袄，戎冠秀跑着去借，对方有点不痛快。她半开玩笑半认真地说："你还是抗日积极分子哩！一件旧皮袄，还不给我拿出来！怕冷的话，把我家李有的大袄给你披一下！"对方一迟疑，她笑着一拉脸，嗔道："再不的话，我可就骂啦！"

中年汉子忙道："我借我借，老会长可别骂！——我也不披你家李有的袄。""这才像话！"戎冠秀笑了。但怕汉子挨冻，仍让女儿把李有的旧袄送了来。

舞台边幕缺一幅白布。她忽然想起一户人家有半匹新白土布，准备做被里。对大家一说，谁也不敢去借。她琢磨了一下，找到那户人家一位亲戚出面，结果那位亲戚空手而回，说："人家只等下过水就要用，也怕弄脏了。"戎冠秀高兴地说："这就问题不大了。"于是她自己跑了去，说："借用了嘛脏总是要弄脏一点的，等用过了，我替你们下下水，保证给洗得干干净净。给咱村演戏嘛，你这忙还得帮。"

对方听了她的话，忙道："老会长都讲了，沾，沾，可沾！"

边幕问题解决了，戏里还缺一件妇女穿的花棉袄，又把大家难住了，人们说整个村子谁也没有。后来有人突然想起，村里一个娶来不久的新媳妇，是沟外人，有件花棉袄。一说，大伙嚷嚷道：人家过门才两年多，棉袄仅穿过两三回，这能借？戎冠秀瞅瞅大伙，抬脚朝新媳妇家走去。见了面，连夸带奖道："哎！这么好的衣裳，要是我，也舍不得借！可反过来再想想，人家是从延安毛主席那里来的戏团，走了几千里地到我们这儿抗日，我们呢，也非抗日不可！谁叫狗日的日本鬼子欺负咱！……人家演抗日的戏，也是请咱看，可就是缺一件花棉袄，哎呀，你说这可咋办呀？"

那家媳妇也说："哎呀，这咋办呀？……"

她揣摩着对方的心思道："要不，这样吧！好媳妇，你揣上这花袄和我走一趟，看看那个演戏的女同志穿上合身不？若是合身的话，还把袄拿回来。等到演戏那天，你去看戏时再带上，叫人家上台时穿一下，演完了你立刻收回。交袄，收袄，我和你一起办，你看行不？"

"嗯——那要看我家他……"新媳妇忸忸怩怩说道："我做不了主哇，老会长，你看，家里还有我婆婆、公公……"

这时，一个老头从屋里出来打断了她的话："不用说啦！人家老会长亲自来家里，说了这么些个好话！再说，八路军共产党为抗日，多少人都牺牲了！不就是个新花袄嘛，赶快找块干净布包上，交给老会长拿走。等看完戏你捎回来就行了，再不要叫老会长跑腿送了。"

就这样，在戎冠秀的积极跑办下，华北联合大学文工团找全了服装道具，顺利进行了演出，且在附近村庄连演三场，受到当地群众的热烈欢迎，事后，村人见了文工团，都竖起大拇指夸道：

"演得好！演得好！"但是在文工团员的心目中，自个儿的戏演得再好，也不如老会长的风格高尚，令人感动难忘。

文工团在下盘松住了半个多月，这才知道戎冠秀是附近一带有名的拥军模范。团里有了病号，她会像对待八路军战士一样，送挂面，送鸡蛋，问医问药，帮这帮那，大家深受感动，也深深记住了这位子弟兵的好妈妈。

老槐明月

1944年初,在阜平县史家寨召开晋察冀北岳区第一次群英会,会上有一位梳着大髻、穿着带补丁的粗布棉袄的老大娘的发言吸引了每一个到会的人。她站在讲台上,像拉家常那样叙述了自己在这场反"扫荡"中间掩护八路军病号和抢救八路军伤员的经过。她就是后来闻名全国的"子弟兵的母亲"戎冠秀。戎冠秀的事迹深深打动了抗敌剧社的演员胡朋。

胡朋亲身经历了这次鬼子的大"扫荡"。11月30日,抗敌剧社经过一夜疲劳行军,拂晓遭到敌寇包围。胡朋和刘钧同志负责的那个组在突围中,4人牺牲,1人重伤,还有2人被俘。被俘的2名同志于押解途中逃回。胡朋从山上滚下来幸免于难。全组一共9人,伤亡过半。戎冠秀救助伤员的事迹深深打动了胡朋。开会间隙,她抽空去见戎冠秀。戎冠秀穿着一身破旧的黑棉袄,袖口已经露出了棉花，谈话的时候还不时用手把棉絮往里塞一下。细心的胡朋看在眼里。那一年部队剧社给胡朋她们发的是便衣，胡朋便把自己便衣的底襟剪下来一块，和戎冠秀一起给棉袄袖口打上补丁。因为颜色不一样，胡朋很不安，戎冠秀却并不在意。

胡可是作为一名创作人员列席会议的。会后，领导给了他一个把戎冠秀的拥军事迹编成戏剧的任务。会议结束以后，抗敌剧社就指定他和演员胡朋一起，护送着荣获"子弟兵的母亲"称号的戎冠秀大娘，回到了她的家乡——河北平山县一个名叫下盘松的小山村，在那里补充采访和熟悉生活，为日后的创作和表演做准备。

胡可、胡朋就是在家一般、亲人一般的温暖中，在妈妈一样的疼爱中，继续着访问和角色体验。胡朋以一个文艺女战士的身份和戎冠秀住在一起；胡可住在另外一个老乡家里，早上到戎冠秀家里吃饭。戎妈妈把他俩视为自己的儿女，给胡朋把屋子、土炕烧得热热的，把家里最好的东西变着法儿做成好吃的，包饺子、做炸糕，弄了很多；戎冠秀说话随和而亲切，常常有意无意地把他俩的手攥在自己的一双大手里，向他们述说自己经历过的苦日子。

戎冠秀把自己跟着党走的桩桩件件事儿都讲出来，从妇女解放、男女平等、为抗属代耕、救护伤员、拥军支前、对敌斗争等，话题甚为广泛。作为妇救会长，戎冠秀为保护妇女的利益做了不少的好事。她不但为挨打受骂的童养媳和受大男子主义欺压的妇女们讨回公道，还为她们争得了上夜校、参加会议的权利。随着采访的深入，胡朋、胡可对这位出身贫苦的戎妈妈越来越钦佩了。

和戎妈妈一起交谈，了解她的过去、家庭和儿女，跟戎妈妈一起参加生产，在村子中走街串户、与乡亲们交朋友之外，偶尔，他俩也会单独活动，到小河边、山坡上、树林中散步，在明月笼罩的大槐树下交流，聊一聊各自的采访感受和文艺创作思想。胡可白天采访，晚上就在一盏小油灯下，趴在炕桌上开始写剧本。抗战形势、舞台表演等，俩人在一起共同的话题越来越多。

胡可回忆说，在这之前，他俩之间的爱慕之心早就有了。1939年胡朋来到抗敌剧社，就和胡可一起工作，一起学习，一起排戏，一起行军、执行任务，共同在舞台上演出。同生死共患难的战地生活，使同志间结下了兄弟姐妹般的感情。大家对彼此的性格脾气秉性，颇为熟稔。但当时部队纪律不允许谈恋爱，部队天天行军、作战，经常遇到危险，结婚之事根本无暇考虑。在下盘松和戎冠秀一起生活的这段日子，埋藏在他们各自心底的爱情的种子开始萌芽了。

作为知识女性的胡朋，学生时代就登过舞台。后来，在漫长的血与火的战争中，她开始接触广大的劳动妇女，从情感上和她们越来越近。她特别擅长在舞台上饰演那些热心革命的正直、善良、勤劳的中老年妇女。早在1940年，为庆祝苏联十月革命23周年，她就和战斗在晋察冀边区的艺术家崔嵬、丁里、凌子风等，同台演出了根据高尔基小说改编的大型话剧《母亲》，她饰演母亲尼洛夫娜。这是边区演出的第一个大型外国话剧，演出十分成功。

"当时她戏演得好，名声比我大，但不知道她心里是否有我，我也不能主动表示，怕碰钉子啊！"当年，胡可眼中的胡朋是"事事打头"的人，工作抢先，脾气急且倔，似乎应该找一个比他更强的人做伴侣。然而，在戎妈妈家的朝夕相处却让他俩慢慢地走到了一起。当时，那种朦胧而甜蜜的情感虽然彼此都感觉到了，但谁也没说。和戎妈妈在一起的日子，使他们有了更多相互接触、增进了解的机会。戎妈妈是个明白人，看得出来，有意无意之间，给他们创造了更多的相互交流的机会。最终，细心的戎冠秀借机会为他们挑明了"灯芯"，捅开了那层"窗户纸"。

从那以后，胡可、胡朋二人间的情感渐渐升温。从下盘松采访回来不久，胡可便以诗表白："心静云天阔，情深月色浓。斗争常与共，一世可为朋。"

戎冠秀从群英会回到下盘松，立刻和丈夫李有，儿子李聚金、李存金等开了家庭会议，制订了当年的生产计划，并向全村宣布。从此，带动全村掀起生产热潮。到这年年底，戎冠秀又以劳动模范的身份出席了边区第二届群英会。第二届群英会从1944年12月底开到1945年初。在那次会议上，胡可、胡朋作为为会议服务的文艺工作者，又一次和戎冠秀见面。二人祝贺戎冠秀第二次参加群英会，成为劳动模范，戎冠秀听说二人结婚的喜讯，也非常高兴。

日本宣布投降后，胡可、胡朋随军区机关进驻张家口，第二年在张家口人民剧院演出了话剧《戎冠秀》，他们感到最为遗憾的是，因远隔千里，心中虽想却未能邀请戎冠秀来看该剧的演出。以后几年，在解放战争的动荡环境中，夫妇二人更没有机会见到戎冠秀。

从1954年开始，戎冠秀作为人大代表，几乎每年都来一趟北京。只要有机会，胡可夫妇一定要去看望她，听她讲乡亲们的生产生活，讲正在开展的农业合作社，讲村里的新变化。1957年，胡可专程到下盘松看望戎冠秀，戎冠秀与他促膝长谈，向他述说工作中遇到的困难，对农村的封建关系和党内的不正之风表示了极大的忧虑。胡可《槐树庄》的构思因此持续发酵，"郭大娘"渐渐成型。话剧《槐树庄》于1959年公演，是庆祝中华人民共和国成立十周年献礼剧目，胡可爱人胡朋扮演主角郭大娘。《槐树庄》后由八一电影制片厂拍成电影，郭大娘一角仍然由胡朋饰演。话剧和电影中的人物和情节完全属于虚构，但是主人公的性格却是参照着戎冠秀同志的品质和风貌来设计的。因着与戎冠秀鱼水一样的关系，胡可笔下和胡朋舞台上、银幕上的郭大娘形象鲜明、个性十足，赢得了广大观众的好评。

1959年国庆十周年，戎冠秀又一次来到北京参加国庆观礼。她登上天安门观礼台，她久久地朝下凝望着，她在期盼她的"儿子"特等战斗英雄邓仕均呢！在解放军总政治部工作的胡可得知戎冠秀是在等邓仕均时，沉痛地告诉她说："邓仕均牺牲了，他牺牲在抗美援朝的战场上。"戎冠秀一听这话，身子一歪，无力地坐在了一旁的椅子上。

1965年初，在第三届人代会期间，胡朋和戎冠秀又见面了。胡朋约她一起逛了东安市场。为了找个谈话的地方，也为了让她品尝一下北京人的涮羊肉，便在东来顺订了座位，并约了她熟识的作家魏巍同志一起陪她。大家都很关心她的家庭情况，因为是熟人，就边吃边谈起来。

戎冠秀当时已是近 70 岁的人了，仍然十分健康。戎冠秀向大家说起了家里的情况。老伴李有已经去世了，三儿子李兰金在朝鲜战场上牺牲了。眼下二儿子李存金担任着村党支部书记，工作、人缘都很好。几个孙子也都长大了，大孙子参了军，小女儿李喜花在邯郸工作。大女儿李荣花在武汉工作，在工厂里担任干部，她想把妈妈接到武汉去住，戎冠秀没有同意。她说："党培养我是为了让我工作，不是让我享清福的，别看我 60 大几了，生产上我还能带头，劳动起来男劳力也赶不上我……唉，我什么也不愁，就是愁村里生产上不去，前年开了一片河滩地，一场水给冲了。我怎么才能把生产抓好？我就是这点不顺心。"

正说话的时候，服务员把羊肉片、白菜、粉丝、豆腐、烧饼摆满了一桌。戎冠秀着急地对胡朋说："老胡，怎么弄这么多菜！真要吃七个碟八个碗吗？咱们就吃这白菜粉丝就行。有这四个菜就够了，那肉就不要了。"听她这么说，胡朋有些发慌，幸亏邀来的两位同志问这问那，才把她的话岔开。

胡朋对她说："我们好多年不见了，这回好容易见了面，难得在一起吃顿饭。打日寇时，你把好吃的东西都给了我们这些当兵的，把我们当儿女一样看待。今天你来到北京，我们请你吃这么点东西，难道不应该吗？"她说："这些年我经常出来开会，好东西吃了不少。你为我花这多钱，我可是心疼。眼下老百姓吃饱饭已经不容易，过年过节才能见个油水，咱们可不能铺张浪费呀！"说着就用烧饼沾盘子里的油汁，并说："吃到肚里总比倒掉了强。"她的这番话和举动，使胡朋的心忽然变得沉甸甸的。

1980年9月，戎冠秀作为五届人大代表来北京开会，那时她已是80多岁高龄，拄了手杖，由县妇联的同志陪伴着，但精神却很好，见了胡可问长问短，并向胡可讲述这些年家乡平山的变化。那是他们的最后一次见面。再后来，胡可只能靠通信和戎冠秀的亲属那里了解到她的情况。戎冠秀90寿辰的时候，胡可、胡朋致函祝贺。戎冠秀逝世，胡可满怀深情地写下了《深切怀念敬爱的戎冠秀同志》，胡朋写下了《忆戎冠秀同志二三事》，向交往半个世纪的老朋友表示怀念和哀悼。

铁的交往

我唱晋察冀,
山红水又清,
……
这位好老人,
好比一盏灯,
战士给她火,
火把灯点明,
她又举灯来,
来照八路军。

——田间长诗《戎冠秀》

抗日战争，是燃烧血与火的洪炉，在这个大洪炉中，田间锻铁成钢，写出的短诗句就像枪口射出的密集的子弹一样，令敌人丧胆；又像是铿锵的号角一样，鼓舞战士们奋勇杀敌。而叙事长诗《戎冠秀》，却以诗给"子弟兵的母亲"戎冠秀"画"像——用短诗描绘出了子弟兵的母亲的光辉形象。

1990年清明，田间同志的爱人葛文写文章回忆了田间和戎冠秀交往的故事。她把俩人之间的交往称之为"铁的交往"。

1943年，鬼子用重兵对晋察冀腹地进行"扫荡"，残酷地实施"三光"政策，妄图一举摧毁我晋察冀抗日根据地。晋察冀军区领导根据地军民，积极展开了反"扫荡"、求生存的斗争，整整3个月时间，一次次在沟谷中与进犯之敌血战。那时田间任孟平县抗联和县委宣传部长，在蛟潭庄营里和群众一起战斗。两道山梁之隔的戎冠秀，则积极组织妇救会员救助伤员、转运伤员，支援战士们奋勇杀敌。"老好人"戎冠秀的美名，通过被救助的伤员之口，翻过道道山梁，传到田间耳中。田间因工作任务紧，不能翻山越梁，去看望这位妈妈，但戎妈妈的红心，已被他珍藏在胸怀中了。

1944年2月，晋察冀边区政府在阜平召开庆祝反"扫荡"胜利群英大会。大会赠给戎妈妈一面锦旗。她的头像绣在大红锦旗上，这代表着晋察冀军区司令员聂荣臻及全体指战员、全边区人民对戎妈妈的崇敬，这是一面母亲的旗帜。苏联伟大作家高尔基为无产阶级树立了崇高的母亲形象尼洛夫娜。戎冠秀是我们祖国新一代母亲的榜样。据此，田间酝酿用手中笔为戎妈妈"题像"。

1944年底,晋察冀边区政府在阜平史家寨召开第二届劳模大会。戎冠秀来了,她是主席团成员。台上台下,她忙于工作,还经常搀扶着失去双腿的荣军张树义。此时,田间已成为新群众杂志社主编,有机会多次同戎妈妈长谈。戎妈妈每一句话,是滴滴血泪,流进田间心田;戎妈妈每一句话,如一炬火焰,燃烧着诗人的心。他自然地想起1941年创作的长诗"铁的子弟兵"中的邓妈妈,如果说那是一位模范的子弟兵的母亲,数年革命战争的洗礼,戎妈妈的形象更加光辉鲜明。他从戎妈妈那明亮的眼神和温静的谈吐中,获得了诗的启示。戎妈妈已不仅仅是一位思想进步的山村妇女,她的光芒,不仅仅照射在下盘松周边,而是照耀整个太行山、整个解放区和全中国。

田间住在距史家寨五里路的红土山。山坡根有一间土屋。宁静的山庄,皎洁的月色,沸腾的河流,如此静谧的环境诗人却难以入睡。戎冠秀当童养媳、入党、支前、救助伤员、获得"子弟兵的母亲"称号、组织拨工组、积极大生产等一桩桩一件件事儿,鼓荡着诗人的心房,让他不吐不快。

月光落在纸上。纸铺在一块用土坯支架起来的木板上,散发出悠悠清香。稿纸上,田间是这样为戎妈妈题像的:

我唱晋察冀,

山红水又清,

……

这位好老人,

好比一盏灯，
战士给她火，
火把灯点明，
她又举灯来，
来照八路军。

是的，有了火，灯才能亮。灯亮了，方能照明四方。田间激情澎湃，他将感动倾泻笔端，长篇叙事诗《戎冠秀》在稿纸上铺排出来，真个是一吐为快。田间更兴奋了，更睡不着了。他反复吟诵，不时地修改。他是给戎冠秀"题像"的，而戎冠秀就在附近啊。他怀揣着诗，迈着大步。阜平那沙路，走过的人都知道，走上去是进一步退半步的。田间那劲头，竟把沙性踩服了，他走进史家寨山坡窑洞，念诗给戎妈妈听。戎妈妈听完了，拉住田间的手说："田间，你懂我的心气！"田间抬起头来，看见戎妈妈的眼里，闪着泪花。

此后，田间去雁北地区工作。进行土改，围打应县城。解放战争中，田间再难得有机会和戎妈妈促膝谈心了。

1950年，戎冠秀来北京出席全国劳模大会。田间数次去看望她老人家，听她讲参加开国大典，在天安门受到毛主席接见的心情。戎冠秀激动，田间一样心潮澎湃。他们一起感受着伟大祖国强劲的脉动。田间将目光瞄向祖国的山川大地，瞄向祖国大地上无数像戎冠秀一样英雄的人民，瞄向他们正创造着的伟大事业。田间又琢磨了新的诗篇，这是一部写不完的诗篇……

1978年,田间随在戎妈妈身后走进人民大会堂,出席第五届全国人民代表大会。他们两人同是五届全国人大代表的河北代表,是老战友了。在那血与火的年代,他们在同一个战场、同一条大山沟战斗,一同等待胜利的到来。现在,老战友又走到一起来了,共商国是,共瞻前景,那喜悦之情,不是亲身经历,是难以体会的。有记者采访戎冠秀,同时也采访田间。可好,俩人同在休息厅,这倒方便了记者。戎妈妈笑着指指田间说:"田间最了解我,你问他吧!"田间眯着的眼睛亮了,那宽宽的额头也闪着亮光,他把手中的香烟按在烟灰缸里,望着戎妈妈,尊敬中露有愧色地说:"呵!看来,我作为晋察冀的一名子弟兵,也够格了?真如此,也算不虚度此生呢!"戎冠秀说:"我知道,你不是晋察冀生人,可晋察冀培育了你。你写诗,歌唱咱这块亲爱的土地、血染的土地,你歌唱子弟兵是铁。你要不是块铁,看见铁还当是土坷垃呢!"

田间微微点着下巴颏儿。是的,在戎妈妈心里,他是一名合格的晋察冀的子弟兵,而在他心里,戎妈妈永远是他们子弟兵的母亲。这种母子关系,如战火淬过的铁一样坚固,到什么时候都不会损坏。

台上台下母女情

原晋察冀军区抗敌剧社的演员田华曾说过,她有两个妈妈,一个是生身之母,在她9岁时离她而去,到了另一个世界;另一个,是一位伟大的母亲——子弟兵的母亲戎冠秀。

出生于1928年的田华当时是抗敌剧社儿童舞蹈队演员,只有14岁。她回忆,那时环境恶劣,根据地生活条件十分困难,她们年纪小,吃不饱饭,可部队有"三大纪律、八项注意",不许吃老百姓的东西。这一切,被戎妈妈看在眼里,疼在心上。一天她们睡午觉时,戎妈妈进屋悄悄把她们拍醒说:"孩子们,快起来,给你们送山药来了。吃吧,你们吃吧,我不给领导汇报……"原来戎冠秀煮了一锅红山药,让正长身体的田华她们"垫补"一下。

就一块山药、一块饼子,让田华记住了这个慈祥的戎妈妈。

在那样的年代、那样艰苦的时候，对一个远离家乡，仅有十几岁的小孩来说，她受到真诚的关怀和照顾，听到朴实的几句话，真的从内心深处就感到那种关怀如亲人般，如母亲般，让她终生难忘。

1944年，晋察冀军区抗敌剧社的胡可、胡朋创作出话剧《戎冠秀》，胡朋同志扮演戎冠秀，田华扮演其女荣花。在戏中，荣花跟着妈妈逃荒、要饭，在艰难中挣扎……荣花和戎妈妈的养女喜花一起跟着妈妈为抗日战争服务，冒着生命危险抢救伤病员……通过演戏，田华更深刻地认识和理解了"妈妈"——"子弟兵的母亲"戎冠秀，从内心深处，深深地敬爱她。但是，在实际生活中，她们"母女"却一直没见过面。

事隔10年之后，1954年，田华被选为河北省的第一届全国人大代表，戎冠秀也是河北省的全国人大代表，于是生活中的"子弟兵的母亲"和戏剧舞台上戎冠秀的女儿，戏剧性地相会在北京中南海的怀仁堂。亲人相见，分外亲热，田华一声"妈妈"的呼喊，使她们紧紧地拥抱在一起，她们像久别重逢的母女互相倾诉着千言万语，并拍下了一张紧紧拥抱的合影。

当戎冠秀知道田华在舞台上扮演过她的大女儿荣花时，她们都会心地笑了。几天后，戎冠秀像对亲生女儿似的诉说着别后的家事，她告诉田华老年丧子的不幸遭遇："你的小哥牺牲在朝鲜战场上了……"田华迟疑了片刻，也对戎冠秀说："怎么那么巧合，我的两个亲哥哥也都在抗日战争中壮烈牺牲了。我的妈妈因为悲伤过度，久病不起，直到临终前，还在呼唤着我哥哥的名字。""天意！天意！"……（田华小哥哥1927年参加八路军，1939年牺牲在冀东的一次战斗中，当时他已升为连长。）田华悲痛地哭了，哭得很伤心。戎冠秀疼爱地劝慰她："孩子，快别哭了！我们的亲人为国牺牲是光荣的！"戎冠秀的声音柔和而亲切，慈祥的脸上挂满了泪珠。

怕戎妈妈伤心过度，田华转移了话题，说起了创作话剧和电影《戎冠秀》的胡可、胡朋，说起了自己怎样拍电影《白毛女》，想方设法给戎妈妈以精神上的慰藉。

后来，戎冠秀多次到北京开会，每次见到田华，母女总有说不完的话。1989年8月12日，戎妈妈因病逝世，田华十分悲痛，写下《深深地怀念戎妈妈》一文，以表达对革命妈妈的深切怀念。

送子参军

战争年代,在平山县革命老区流传着这样一首民歌:"最后的一尺布用来做军装,最后的一碗米用来做军粮,最后的老棉袄盖在担架上,最后的亲骨肉送去上战场。"这歌谣,每一句的背后都有戎冠秀的生动故事。

1945年8月,日本宣布无条件投降。胜利的喜讯传遍了太行山的每一个角落,戎冠秀高兴得两天两夜没有合眼。她满怀喜悦,前前后后奔波着。组织妇救会员、儿童团员做纸旗、贴标语、扭秧歌,同全县数百村庄一样,用山区人民特有的方式来庆祝这一伟大的胜利。随后,带领大家摘红枣、拣核桃、炒瓜子儿、炒黄豆、赶做慰问袋,用太行山区的土特产把慰问袋装得鼓囊囊的,兴高采烈地欢送八路军部队移兵外地。队伍要从下盘松村边经过,她早早就烧好开水,煮熟鸡蛋,同慰问袋一起摆放在路边,等候着亲人子弟兵的到来。当一队八路军战士挺胸扛枪昂首阔步从山弯出现时,她大老远就迎上去,把鸡蛋塞在亲人兜里,慰问袋挂在亲人腰上。她端来开水,双手捧给亲人喝,一遍又一遍地说道:"亲人啊,喝碗山泉吧,你们走后可别忘了下盘松,别忘了平山和太行山……"

抗战胜利后,全国人民普遍期待着一个和平建设环境的到来。中国共产党人从民族大义出发,为了保证国内和平,避免内战重演,早日建立一个独立、自由、民主、富强的新中国,1945年8月29日至10月10日,共产党与国民党在重庆进行了谈判,签订了"双十协定"。国民党虽然迫于国内外形势,承认了"和平建国"方针,但仍然企图发动内战来消灭共产党和人民军队。不久,国民党就公开撕毁"双十协定",不顾国内外爱好和平人民的反对,竟然在1946年6月26日,以围攻宣化店为中心的我中原解放区为起点,打响了全面内战的第一枪。以毛泽东为代表的中国共产党人针锋相对,领导全国解放区军民和国统区人民,开始了"打倒蒋介石,解放全中国"的解放战争。同时,八路军和新四军全部改称"中国人民解放军"。

在此大背景下,全国老解放区又掀起了一个新的参军高潮。戎冠秀发挥自己老会长的优势,一天天地走东村、串西村,动员男儿打仗上前线,妇女生产为支前!

1946年6月,平山西部深山区蛟潭庄镇召开扩军大会。戎冠秀一大早就踏上崎岖的山路,走了20多里,早早赶到了会场。大会开始了,她全神贯注听着区长的讲话。区长话音一落,她第一个从人群中站起来,高声说:"区长,俺给三个儿子报名参军!"区长忙走下台对戎妈妈说:"到台上去,把您心窝里的话都掏给乡亲们听听!"于是,戎冠秀大步走上主席台,激动地说:"日本鬼子烧杀抢掠,糟害了咱八年。如今,刚刚被咱打出去,蒋介石又想抢咱的胜利果实,咱坚决不答应!共产党、毛主席号召咱们送子参军,壮大八路军队伍,咱要坚决响应!"说完,只见戎冠秀举起拳头,朗声说道:"我有三个儿子,都报上名!让上级验,验上哪个哪个去!都验上都去!要是不嫌俺老汉李有年纪大,叫他也给咱八路军喂马去!"

戎妈妈滚烫的话语,使整个会场变得情绪激昂,群情振奋。台下,掌声、喊声、口号声激荡人心,"向子弟兵的母亲学习!""学习戎妈妈,参军打老蒋!"的口号在山谷回荡。当场就有许多青年踊跃报名参军。大山深处,又一次出现了妻送郎、父送子、兄弟争相上战场的热烈场面和动人情景。

散会后,戎冠秀立即赶回家,一进门,就把会上报名参军的事告诉了家里人,父子几个乐得都快跳起来了,老伴李有笑模悠悠地说:"要是上级能批准就好喽,俺领着你们,咱父子四人一块去,叫你娘留在后方支援咱们。"戎妈妈笑着说:"你们都去吧!俺保证全力支援你们打胜仗!"

后来,经严格体检,三儿子李兰金被批准光荣入伍。戎冠秀得到信儿,心里一阵高兴。接下来,到兰金走的前几天,戎冠秀的心里还是有点忐忑不安。但是,她很快就镇定下来:谁家的儿子不是儿子?当夜,她就叫上兰金和他的未婚妻——养女喜花,头顶皎洁的月光,来到北梁的半山腰,与他们共同栽下两棵直溜溜的小白杨,以示自己的希望——愿兰金到部队健康成长,在战斗中早日成才,俩人都能成为对国家对社会有用的人。当挖好坑,为两棵树培好土后,戎冠秀挑起水桶离开了,她想着给孩子留下相处的空间。见妈妈离开,喜花才慢慢走近兰金,有些羞赧地说:"你走了,俺陪着娘过,你要把喜报早点寄来……"说完,一甩辫子向山下跑去。

兰金入伍这天,戎冠秀给栗红骡子戴上大红花。然后,让儿子骑上大骡子,自个儿牵着骡子走在前面,边走边叮咛:"到了部队,可一定要听党的话,把枪擦得亮亮的,为咱穷人打江山,为咱穷人保江山!"兰金郑重地向母亲点了点头。分手时,戎冠秀严肃地望着儿子,再次叮嘱道:"记着,打不倒反动派,别回来见娘!"

兰金没有辜负母亲的希望和教导,参军后一次次立功受奖,一次次往家里寄立功喜报。1950年底,抗美援朝开始了!1951年2月,身为炮兵连长的李兰金跟随64军跨过了鸭绿江,开赴朝鲜战场。1951年4月22日,第五次战役打响了,战役打响的第三天,即4月24日凌晨,兰金跟随部队渡过了临津江,他在随军攻打汉城的途中,英勇牺牲,年仅26岁。

那天,听到儿子牺牲的消息,戎冠秀的头"轰"地一下胀得老大,眼前感到天旋地转……她忙靠墙站稳,愣怔片刻,随即镇定下来,看到家人都在哭,就安慰家人说:"哭甚哩?没有牺牲,哪能换得胜利?"老伴呜呜咽咽地说着:"我……我可怜咱那孩子,从小跟上咱受苦,如今,盼着解放了,他……"戎冠秀说:"比上不足比下有余,说咱孩子苦,还有比咱苦的咧!"又说:"咱兰金是为中国人民和朝鲜人民的幸福牺牲的,他是咱家的光荣!"

对于李兰金的牺牲,著名表演艺术家田华讲过这样一件事。1944年2月,晋察冀边区第一届群英会上,戎冠秀被授予"子弟兵的母亲"的光荣称号。军区抗敌剧社的胡可、胡朋深入生活到河北平山县下盘松村采访了戎冠秀,而后写出了话剧《戎冠秀》。16岁的田华在剧中扮演戎冠秀女儿荣花。通过演戏,田华更深刻地认识和理解了她戏中的妈妈——"子弟兵的母亲"戎冠秀,更加崇敬她。1954年,田华和戎冠秀一同当选为第一届全国人大代表,又同在河北省代表团,于是生活中的"子弟兵的母亲"和戏剧舞台上戎冠秀的女儿,戏剧性地幸会在中南海的怀仁堂。亲人相见,分外亲热,田华一声"妈妈"的呼喊,使她们紧紧地拥抱在一起,她们像久别重逢的母女,互相倾诉着千言万语。会议期间,有记者采访戎冠秀。记者对她说:"您不光是热爱子弟兵的母亲,您还是英雄的母亲啊。"田华之后问戎冠秀:"您真像他们说的那样,知道小儿子牺牲时没哭吗?"戎冠秀说:"我不哭,我觉得小儿子牺牲在抗美援朝战场上,是一件非常光荣的事。"田华又问:"您作为母亲不觉得痛心吗?"戎冠秀眼含热泪说:"儿子是娘的连心肉,牺牲了怎么能不痛心。"有一次,实在想儿子了,就到儿子走时种下的两颗白杨树下,双手轻轻地摩挲着树干,想着儿子走时的情形,想起儿子赴朝前夕的来信,说他为了保家卫国，为了保卫穷苦人的江山，主动要求到朝鲜去，抗击美帝国主义侵略者！又想到儿子的尸骨埋在朝鲜的山川里……心如刀割，就面向东方，隔着崇山峻岭高声呼唤："兰—金—子！"接着她又和田华说："自己是个党员，不能在群众面前哭哭啼啼，做人更应该刚强！"后来，田华专门写了一篇关于戎冠秀的文章，叙述她们的母女情深。

1978年，戎冠秀的孙子将被带兵人接到内蒙古前线去，临行前，她把一双亲手做的老山鞋给孙子包好，又让孙子挑上一担山泉水，祖孙二人来到山坡那两棵白杨树下，舀起一瓢瓢清水浇到树的根部。她用那两棵白杨树激励孙子，像叔叔那样去战斗。

最后的一尺布用来做军装，
最后的一碗米用来做军粮，
最后的老棉袄盖在担架上，
最后的亲骨肉送去上战场。

当年流行的这首歌，可以说是子弟兵母亲戎冠秀的真实写照。她的儿子牺牲在战场上，她仍然要把孙子们送往部队。她的5个孙子有4个应征入伍，2个女儿的孩子也有多人穿上了中国人民解放军的军装，曾孙辈里也有多人参军入伍。

戎冠秀就是这样一个舍小家，顾大家，心中充满大爱的、高尚的，既平凡又不平凡的农村妇女。

北京见到毛主席

1935年的时候,戎冠秀从小学教员冀时新口中,第一次听到了毛主席、共产党和红军的故事。1938年,加入中国共产党后,毛主席这个神圣的称呼更是经常从上级领导和党员同志口中传到戎冠秀的耳中。1944年2月,参加边区第一届群英会,毛主席、朱总司令和彭德怀副司令员的画像就挂在主席台正中央。

群英会后,戎冠秀写信给毛主席和边区党政军民负责同志,汇报在毛主席"组织起来"的号召下,她们村子的变化,表达了身为共产党员,要为大伙谋利益,要尽最大努力支持抗战的决心;同时报告她的生产情形,作了自我检查;对她病倒时,子弟兵给予的关照和医治表示谢意。原信如下:

毛主席：

　　我很羡慕吴满有同志，他能见你的面和你谈话，从你口里得到更多的指示，我又想：我们虽然见不了面，但又像同你天天在一起一样，因为你的一切主张，在我们这里都实行了，远事不说，单拿从你想出"组织起来"的办法以后，克服了很多困难，我们下盘松村也变了样子。都不再靠天吃饭，都知道要想生活过得更好，只有在您和共产党的领导下努力生产。

　　我是一个共产党员，我知道共产党员是为人民大众谋利益的，这是我们的一个责任，我们一刻也不能忘记。但我自己还有许多不够的地方，我还要努力克服，不辜负党的期望！

　　敬祝您
身体健康！

戎冠秀

　　那时候戎冠秀虽然十分想见到毛主席，想亲自和他说说话，但却没有想到，有一天，自己的这个梦想会真的实现。

　　1949年9月21日至30日，中国人民政治协商会议第一届全体会议在北京举行。戎冠秀作为华北区人民代表出席了会议。村里的群众赶着毛驴把她往县城送的时候，还羡慕地说，这次到北京，说不定还能见到伟大领袖毛主席呢。想想就要见到毛主席，戎冠秀心里别提有多激动。

几次辗转，戎冠秀来到北京。9月7日，全体会议召开前夕，周恩来向出席会议的代表作《关于人民政协的几个问题》的报告，在介绍代表产生办法，讲到75名特邀代表时，专门提到了工农方面的英模代表戎冠秀等人。9月21日下午开会时，周恩来副主席满面春风地向她招手，亲切称她"戎大姐"，请她到会场前面就座。朱老总满面笑容地和她握手，亲切地向她问候，像一家人一样和她拉家常。打那以后，邓颖超每次见面都与她热情拥抱。

10月1日，戎冠秀随同党和国家领导人登上天安门城楼，参加了开国大典，见证了新中国的诞生。她与宋庆龄副主席同席相座，宋庆龄副主席热情地让她吃点心。在宴会厅举行的盛大国宴上，毛主席魁梧的身躯出现了。戎冠秀激动地站了起来，用双手拢了拢斑白的鬓发。毛主席向她走来，慈祥地握住她的手，亲切询问："你叫什么名字？""我叫戎冠秀。"毛主席笑呵呵地说："这个名字，我知道，记得。"毛主席的话像一股暖流，霎时涌进她的心里，她禁不住热泪盈眶，热血沸腾。

那是她第一次见到毛主席，而且毛主席知道她，记得她的名字，这让她分外激动。

开国大典后，她回到了下盘松。逢人便宣传："如今是咱们的天下了，咱们就跟着共产党、毛主席建设新中国吧。"

1950年9月25日至10月2日，由中央人民政府政务院召开的全国战斗英雄代表会议和全国工农兵劳动模范代表会议（简称"全国英模代表会议"），在北京同一会场同时举行。战斗英雄代表360人，工农兵劳动模范代表462人，列席全国战斗英雄代表会议的国民党军起义部队代表64人。

参加这两个会议的代表，有来自人民解放军各部队的战斗英雄、地方民兵英模和支前模范，也有来自工厂、矿山、农村的劳动模范。他们都是各条战线上做出突出贡献的英雄模范。

9月25日，两个会议联合举行开幕式，政务院副总理兼财政经济委员会主任陈云致开幕词。毛泽东主席代表中共中央致贺词，朱德副主席致演说词。刘少奇副主席、周恩来总理等在会议上发表讲话。各民主党派、人民团体领袖等出席了开幕式。毛泽东在贺词中称赞英雄模范是"全中华民族的模范人物，是推动各方面人民事业胜利进行的骨干，是人民政府的可靠支柱和人民政府联系广大群众的桥梁。"

英模代表幸福地同中国人民的伟大领袖毛泽东主席和其他首长一起合影留念。此间，曾在平山工作战斗过的著名诗人田间多次去探望戎冠秀，借机听她讲参加开国大典，在天安门受到毛主席接见的情形。

1954年9月15日至28日，第一届全国人民代表大会第一次会议在北京隆重开幕。毛主席主持了开幕式，在开幕词指出："这次会议是标志着我国人民从1949年建国以来的新胜利和新发展的里程碑。"整个会议，戎冠秀听得聚精会神，热情洋溢。投票选举国家领导人时，她庄严投下了自己当家作主的神圣一票。

1959年4月、1965年1月分别参加第二届、第三届全国人民代表大会，1959年10月出席全国劳模会。前前后后，戎冠秀共13次受到毛泽东主席接见。

李耿成是戎冠秀的孙子，1968年参军，在中央警卫团工作。有一次他在中南海站岗，正巧毛主席散步走来，和蔼地问他："小同志，参军几年了？哪里人啊？"他激动地回答："三年了，平山人！"毛主席说："啊，平山老乡……"他答："是，戎冠秀是我奶奶。"毛主席微笑说："戎冠秀，我认得……"

1976年9月的一天，80周岁的戎冠秀在家乡的深山沟里突然得知毛主席逝世的消息，当听到那悲沉低回、撼人心魄的哀乐时，她一下懵了！一连几天，茶不思，饭不想，悲痛、伤心、怀念，各种滋味一齐涌上心头。从第一次参加全国政协会议、开国大典算起，她先后13次在北京见到伟大领袖毛主席，一次次见到毛主席的情景，像放电影一样出现在脑海中。

晚年以后，戎冠秀多次向乡亲们讲她在北京见到毛主席的情形，那是她一生最感幸福和荣耀的事情。

下地拾粪的代表

庄稼人热爱土地，盼望着土地里长出好庄稼。"庄稼一枝花，全靠肥当家。"穷苦出身的戎冠秀，从小就随父母弟弟下地劳动，年岁小时，她干不了重活，干得最多的是背筐拾粪。野地里，山坡上，牛屎垛子、羊卜拉蛋、狗屎橛子，就像一颗颗珠宝，吸引着女孩子的目光，每看到"珠宝"，她就快步奔过去，操起小铁铲，捡到筐里。就这样，她从小养成了爱拾粪的习惯；抗战时期，群英会上她受到表彰，当上了"子弟兵的母亲"，她没有放下过粪筐；中华人民共和国成立后，她登上了天安门，当上了全国劳模代表、全国人大代表和全国妇联执委后，下地拾粪的习惯一直保留着。

1944年，戎冠秀参加第一届晋察冀边区群英会回来，立即召开家庭会议，商议制订生产计划。丈夫李有，儿子存金、兰金和大媳妇、二媳妇及两个女儿各有各的营生。戎冠秀则把拾粪这项光荣任务全揽了下来。每天院里的大公鸡一叫，她就下炕，背上粪篓子走出村，漫山遍野捡拾新鲜的粪便。常常是拾了一筐粪回来，天才微明。她放下粪筐，走到大枣树下，清脆的钟声立刻传到全村，全村男男女女们揉着惺忪的睡眼，一个个从家里走出来，开始了一天的生产劳动。一年下来，她利用一早一晚零星时间，不占整工夫，共拾粪 30 担，上山打柴 4600 斤。那年秋天，大儿媳刚刚坐月子，割蒿子的任务没完成，戎冠秀就把大儿媳割蒿子的任务担起来了，替她超额完成了任务。全家原制订任务割蒿子 3000 斤，实际割了 17410 斤。这些蒿子可以造肥 780 担，加上圈肥 200 担，以及羊卧肥和拾的粪，全家共造肥拾粪 2030 担，每亩地比上年多备了 30 担。

种地不上粪，等于瞎胡混。种地不上粪，人糊弄地皮，地就要糊弄肚皮。在戎冠秀看来，没有大粪臭，哪有五谷香，粪就是庄稼的粮食。平时，无论开会办事，走亲访友，每逢在路上看到牲口粪，她一定会不由自主地停下来，用脚或手把粪踢进或捧进路旁的庄稼地里。寒冬腊月，大清早的，人们还钻在热被窝里，她已早早把孩子们招呼起来，背上筐子去拾粪，甚至下了雪也照拾不误。

戎冠秀当上了村里的妇女拨工队长，在她带领下，凡是妇女们能干的活儿，推碾、担水、种山药蛋、摘花椒、撒玉蜀黍等都由她来安排，进行拨工，你帮我，我帮你，互相轮流。这些活干完了，她就组织拨工队的妇女们背起粪筐下地拾粪。把各组的人分成数路到村外拾，还让每组轮流派人跟着牛群拾。拾回来的粪，按记的工分多少分给各户。

戎冠秀拾粪的习惯延续了大半辈子。解放以后,她外出参加活动的时间多了,但出门总不忘背上粪筐,不背上粪筐就感觉走路不舒服。到公社开会、走亲、下地,都是背着筐出去,拾满了背回来,每年都给生产队交 70 多担好肥。在她的带动下,许多青年妇女也起早拾粪了。

戎冠秀成了全国著名的功臣、名人,身兼全国人大代表、省人大代表、省妇联委员、县人大代表等职,但是热爱劳动的习惯一直没有改变。1959 年 4 月,她进京出席第二届全国人民代表大会,村里的老姐妹们开玩笑说:你天天离不开拾粪,到北京开几天会不能拾粪了,能习惯吗?玩笑归玩笑,但她从北京开会回来,大家都以为她连续在外开会、奔波,累了,该好好休整几天。第二天早上,老伴儿想让她多睡会儿,不想惊扰她,想自己悄悄起床下地,谁知一翻身,身边的被子早叠起来了。原来戎冠秀比他醒得更早,早背上粪筐下地拾粪了。

20 世纪 60 年代初,太行山区还没有压绿肥的习惯。戎冠秀觉得只靠圈肥不够用,就尝试压绿肥。正值三伏天,她抱着试试看的念头,带着媳妇梁三花,到南沟找到青草茂密的地方就地挖坑,将割下的草和土一层层垫起来,晚上再泼上水。早晨早早起来拾牲口粪,将粪与草搅拌,这样捂起来,绿肥发酵特别快。戎冠秀一连压了两大坑绿肥。村民们看到后,立即跟着效仿,在全村兴起了压绿肥的热潮。

那一年戎冠秀 67 岁,社员们劝她说:"你这么大年纪了,是有功之人，应该好好歇歇啦！"她却笑着说："年老筋骨壮，多干点怕什么？再过几年，想为集体出点力还怕不能哩。"1968年，戎冠秀已是72岁高龄。三秋种麦时节，她和社员们一道深翻土地，抢收庄稼，早晨披着星星出去，晚上戴着月亮收工，连续突击了半月。一天早晨，社员们起大早往梯田送粪，还未到地头，看见一个黑影正从山上梯田一步步走下来。近前一看，原来是戎冠秀！她早早起来，拾路上、田里的牲口粪，送到梯田后，就自己一个人从山脚往梯田背粪。

身为全国人大代表，却背着粪筐下地拾粪，这在全国而言，恐怕就戎冠秀一人。

一件灰咔叽布制服

1954年9月，戎冠秀作为河北人民代表到北京参加第一届全国人民代表大会第一次会议。会前，省里专门给戎冠秀做了一身灰色咔叽布制服。戎冠秀把这身制服当成专门的会议服，只有进省城或北京开会时才舍得穿。

县政府要派汽车接戎冠秀进京，戎冠秀为了给国家节省汽油，骑着毛驴到县城，从县城再换乘公共汽车。走之前，她把带补丁的旧衣服洗得干干净净，把自己打扮得齐齐整整。她骑着毛驴，扛个包袱，看到的人都以为是山里谁家媳妇儿回娘家呢，都想不到她是去北京参加全国人大会议。直到开会前，她才换上省里专门给她做的灰色咔叽布制服，把自己的旧衣服打整起来，放进随身带着的包袱里。

在晋察冀抗敌剧社排演的话剧《戎冠秀》中扮演戎冠秀的演

员胡朋,从抗战胜利后再也没有见过戎冠秀的面,她从报纸上看到第一届全国人大代表名单,知道了她来北京开会的消息,心中特别高兴。会议间隙,胡朋专门去招待所看望戎冠秀,正赶上她散会。戎冠秀穿一身灰色咔叽布制服,胸前挂着印有"代表"字样的红布条,虽然头发斑白,但因着这身妆扮,人看上去特别精神。戎冠秀一眼认出胡朋,笑眯眯地向胡朋走来,用两只大手把胡朋的手握在她的手心里,开口便说,"老胡,在电影里看到你了,就是不能说话!"说着便拉胡朋到她的住的房间去坐。

看着戎冠秀穿灰咔叽布制服的精神劲儿,胡朋不由得想起10年前戎冠秀在第一届晋察冀群英会时的样子来。那时戎冠秀48岁,个子瘦瘦的、高高的,神态安详。她穿着一身破旧的黑棉袄,袖口已经露出了棉花,谈话的时候还不时用手把棉絮往里塞一下。正好那年抗敌剧社发的是便衣,胡朋便把自己衣服的底襟剪下来一块,和戎冠秀一起给她的袖口打了补丁。布的颜色不一样,胡朋很不安,戎冠秀却并不在意。戎冠秀用大会奖的钱买了一匹布,看到她那身破旧的棉袄,胡朋特别盼望戎冠秀能做一件新衣服穿。戎冠秀成了"子弟兵的母亲",是英雄,受了政府奖励,她给自己做身衣服,多么应该啊。她的大闺女荣花抱起那匹布高兴地说:"娘,这回你该做件新棉袄了,看你那衣裳破的!"谁承想戎冠秀却说:"新三年,旧三年,缝缝补补又三年,这匹布我早就想好了,咱村37户,每家一对鞋面……"她不但自己没有做衣服,因发鞋面布不够了,她又贴出去40元钱……

戎冠秀一边和胡朋讲述着这些年来平山家乡的变化,回答着胡朋的问话，一边把身上的灰制服脱下来，又换上来时穿的带补丁的旧衣服。她把制服整整齐齐地叠好，珍惜地包在包袱里，向胡朋解释说，这身衣服是省里给她做的，是开会穿的，"你看这布多结实，能穿十几年！……做这一套衣服花不少钱呢！"

戎冠秀又穿上了在家劳动时穿的衣裳！胡朋不由得想起，第一届群英会后跟着戎冠秀回下盘松时采访到的一件事：有一次春耕刨坡，忽然下雨了，戎冠秀把上衣和鞋袜脱下，放在大石头后面，一直刨到天黑才穿上回去……

第一次全国代表大会后不久，胡朋拍电影外景路过石家庄，在石家庄又一次遇见了戎冠秀。戎冠秀参加完代表大会后正要回家乡下盘松，她还是穿着旧衣服。新新的制服放在包袱里，却穿旧衣服！古时还讲究衣锦还乡呢。胡朋想起她在北京当代表时穿那套漂亮新制服的精神劲儿，就兴致勃勃地建议她穿上制服回村，让乡亲们看看。她回过头来怔了一会，拉着胡朋的手像是安慰又像是解释，低声对胡朋说："不，老胡，这是开会穿的。咱们村里虽说生活比以前好了，可还是没有人能穿上这样的好衣裳。我穿它回去，就脱离群众啦！咱跟群众一样，群众才能跟咱一块儿干哩！"胡朋立即表示同意她的想法。在别人看来很小的这么一件事儿，却给胡朋留下了很深的印象，使她想得很多。戎冠秀的心里时刻想着群众，一直把自己摆在群众之中。

十几年间，参加全国人代会、劳模会、妇联会和省人大、省妇联的会议，戎冠秀一直穿着这身灰色咔叽布制服。戎冠秀始终保持着艰苦朴素、勤劳朴实的劳动人民本色。

一针一线海疆情

1960年10月,在河北省开往福建前线的列车上,车厢里的一位农村妇女格外引起了年轻的女劳模邢燕子的注意。这是一个老人,在南下慰问团里,她显得是那样与众不同。她的穿着和别人不一样,头罩白毛巾,身穿青色粗布衣,一看就是农村妇女的形象;再看她带的慰问品,也明显和别人不一样,吃的、用的全不带,只带着一个针线包儿和零碎布头。邢燕子很快得知,此人就是闻名全国的子弟兵的母亲戎冠秀。

到了福建前线,邢燕子看到一个现象,戎妈妈无论到哪儿,都会趁战士们不在营房时,悄悄从床底下找出脏衣服、袜子来洗,晾干后她还用随身携带的针线包、小碎布,将破损和开线的衣袜细针密线地缝补。

晚饭后,当她把洗好、缝补好的衣服和袜子送到营房时,战士们亲热地围上来，又惊喜又感动："戎妈妈，您都这么大岁数了，还给我们洗臭袜子和脏衣服，这怎么能行呢！我们……我们该怎么感谢您老人家？！"

戎妈妈看着眼前这帮生龙活虎、天真可爱的年轻战士，真是打心眼里喜欢！她亲昵地说："孩子们，你们忙的是保卫祖国的大事，俺一点点儿事情都没有，闲得心慌手痒，给你们洗洗缝缝，还不应该呀？你们是老八路的接班人，都是俺的孩子，跟俺可不该见外啊！"

在前线，戎冠秀走遍了设防部队的每一个哨位。走到哪里，她总是管解放军战士叫"孩子们"，拉着他们的手上下打量，眼里充满爱意，就像妈妈看着自己的孩子一样。她给大家讲抗日战争年代晋察冀子弟兵英勇杀敌的故事，描述根据地人民"母亲送儿打东洋，妻子送郎上战场"的动人情景。她操着浓重的平山西部山区口音嘱咐战士们"要永远跟党走，紧握手中枪"。戎冠秀衣兜里随身装着针线包，每到一处，都要看看战士们的衣服鞋袜有没有破的，要是有，她一定要给他们缝补好。

一天，她和邢燕子一起到古山和尚庙附近的一个部队慰问。营房内外呈现一派清新景象，战士宿舍里干净整洁、归置有序。但是细心的戎妈妈看出了端倪，她悄悄把邢燕子叫到一边，说："燕子，俺在这儿和战士们聊天，把他们稳住，你趁机到屋里去瞭瞭，把他们藏起来的该缝补洗刷的衣物都收敛来，待会儿咱娘俩一块去洗。"这一天，戎冠秀和邢燕子为战士们洗衣服20多件。

有些战士袜子破了，实在不好意思让戎妈妈缝补，就偷偷把破袜子藏起来。戎冠秀对他们说："是共产党、八路军为咱穷人打天下，俺这个逃荒、要饭出身的穷老婆子才成了国家的主人，子弟兵是俺的亲人，为你们做点事俺从心里高兴啊！"她说，战士们刻苦训练，执行任务，是光荣的；她年岁大了，不能像他们一样守卫边疆，但是，给战士们洗洗涮涮、缝缝补补，她觉得也很光荣。她要战士们不要觉得不好意思，把破了的衣服鞋袜交出来。许多战士感动地流下了眼泪，临别时紧紧攥住戎冠秀的手连连说："戎妈妈，您真是我们的好妈妈！"

戎妈妈随着慰问团把福建前线所有的部队都慰问了一遍，分别时，战士们依依不舍地请她留下意见和嘱托。戎妈妈动了感情，她嘱咐说："共产党、毛主席，领导咱八路军和全国人民流血牺牲，打下了江山，不容易咧；如今，你们可要好好听共产党和毛主席的话，守住咱人民的江山啊！"

战士们纷纷表示说："记下了，亲爱的戎妈妈，请您老人家放心吧！豺狼胆敢来进犯，管教它们有来无还！"

一点不浪费的会议餐

1980年9月，全国妇联召开四届三次执委会，戎冠秀是全国妇联第四届委员会执行委员，当时她已84岁高龄，并患有高血压、心脏病等多种疾病，县委领导决定让县妇联干部封云霞陪她去北京开会。

戎冠秀住在6楼，由于她年岁大了，走路不方便，一日三餐由封云霞将饭给她送到房间，一个椭圆形的小竹篮上下两层，食堂里的师傅每顿饭都要把各种饭菜盛点，每次戎冠秀都嫌带得太多。当她得知她吃剩下的饭菜都要扔掉时，心痛地说："这么好的东西扔掉多可惜呀，现在咱们的国家还不富裕，像这样糟蹋粮食怎么得了呀，这社会主义还怎么建设？"戎冠秀给封云霞讲述了自己的苦难历史，讲她爷爷和父亲活活累死，讲自己3岁的孩子被活活饿死，自己从记事起吃的主食就是野菜树叶，讲一碗粥、一碗豆腐脑救活一个伤员,讲盘坡地被地主剥削等苦难日子。她说,这都是因为没有粮食,是黑暗的旧社会地主剥削的结果。她说,在抗日战争和解放战争中,解放区人民努力生产,多打粮食,支援前线,才保证了革命的胜利。建设社会主义这么大手大脚去浪费,社会主义怎么能建成?戎冠秀的话使封云霞深受感动。她给戎妈妈讲是会议嘛,会议上的规定,不要太认真了。戎冠秀坚定地说:"那也不行,从下顿起就少带点来。"尽管少带,但每次带的不可能既吃饱了,又正好吃完。一点不剩实际上是不够吃,没有吃饱。一次吃剩下一个小馒头,当封云霞送篮子时,戎冠秀要把馒头留下等下顿饭时吃。封云霞说,你年岁大了,吃凉东西会闹肚子的,硬是把馒头送走了。可是,打这以后,戎冠秀都把饭菜吃得干干净净。下次取饭前,她告诉封云霞,今天不饿,少带一个馒头来。有时封云霞打饭回来,她说:"你看到底是老了,又忘了告诉你少拿一个馒头。"封云霞怕她吃不饱,问了几次,她都说吃得挺饱挺饱的,有时还故意让封云霞用手摸摸她的肚子。一天,封云霞半开玩笑地说:"戎妈妈,我这个小服务员还可以吧,连你的肚子大小,我都知道。"戎冠秀听后咯咯地笑了起来,这莫名其妙的笑声把封云霞搞糊涂了,急忙转话题问她:"怎么,我不够格?"戎冠秀说:"不是的,傻闺女,秘密在这呢。"说着,她撩起大襟,熟练地从衣兜里掏出一个小馒头。封云霞的脸刷一下子红了:"戎妈妈,你怎么能这样做?吃病了可咋办?""没事的,俺的肚子可能耐了,能吃野菜树根,能吃白面大米,这是锻炼出来的,这么好的东西扔了是造罪呀!"她一边说一边把那个小馒头装进了兜里。

7天的会议结束了,戎冠秀圆满完成了开会的任务。戎冠秀的好思想、好品德给封云霞留下了非常深刻的印象。

下盘松山上不老松

怀念戎妈妈

太行山上下盘松,
战士心头一颗星;
无限春风无限意,
只缘战士在胸中。

——魏巍

戎冠秀心怀人民子弟兵,一生忠诚热爱人民军队。硝烟散尽,进入和平建设时期,戎妈妈仍然心系国防建设,关心和爱护着人民子弟兵。她利用跟战士们拉家常、给战士们做报告的机会,教育战士们不要忘记当年的光荣传统，刻苦练好杀敌本领，保卫祖国江山，保卫来之不易的幸福生活。到了暮年，老妈妈一颗红心不老，对人民子弟兵的热爱之情犹如太行春风更显温暖。老人家养成了一种习性，见到穿军装的人就觉得亲，那是母亲见到宝贝儿子的那种亲。

有一年春节之前，河北省军区、石家庄军分区部分干部战士到村里探望戎妈妈。戎妈妈那一天不知道到村口望了多少趟，一心盼着亲人们早点来。战士们还没进村，老远就望见满头白发的戎妈妈迎着寒风，手拄拐杖，雕塑一般等候在村口。戎妈妈看到那一身身绿色的军装，激动地扑上前来，攥住亲人的手，就像亲娘见到了久别的儿子，一个劲地说："孩子们，可把你们盼来了！"她左拉一只手，右拉一只手，把战士们拉到家里，让大家坐到烧好的热炕头上，端出炒得喷香的瓜子、花生和精心挑选的核桃、大枣让大家吃。战士们看到戎妈妈家里桌子上摆着许许多多解放军战士的照片，戎妈妈说："这些战士都是俺的孩子，真想他们啊，时间长了就想他们，见不到人就拿出相片来看一眼，看见你们来，俺心里比啥都高兴。"

20世纪70年代初中期，下盘松村年年都有解放军前来野营训练。戎妈妈带领村里的军烈属，就会像战争年代拥军支前那样日日夜夜忙碌起来，悉心做好各项准备。战士们都说，每次拉练到了下盘松，就像回到自己家里一样温暖舒适。1972年的新年刚过，一天夜里一场大雪从天而降，戎妈妈急得一夜没睡。因为第二天解放军某部一个连要来拉练，她担心下了雪部队不能进山，担心一家一户的炉火生好了没有,最好的房间腾出来没有,新窗纸糊好了没有,羊毛毡子铺好了没有,棉门帘挂上了没有,水缸挑满了没有,就怕战士们来了受委屈。她挨家挨户地查看,发现有一户的门帘太单薄,立即拿来自家的棉花,帮着赶做了一条新门帘。天还没亮,就敲钟领着村民清扫路上厚厚的积雪,一直扫出几里地开外,迎接拉练部队进村。

部队住进村里后,她对战士们照顾得无微不至。清早,住在她家的战士小武要外出执行任务。为了不给戎妈妈添麻烦,小武早早就起来,准备偷偷起身赶路。没想到一起来,戎妈妈就端着热腾腾、香喷喷的一碗鸡蛋打卤面放到了眼前。小武端着面条,没有动筷子。戎妈妈催促:这孩子,快吃,不吃就凉了。小武心里涌起一股暖流,含着泪,拿起了筷子。半路上,小武饿了,打开挎包,发觉多了一大卷东西,打开一看,是一大张烙饼和几个鸡蛋。小武的眼前一下子浮现出亲娘的面容,叫了声娘,泪水大滴大滴地滚落下来。

戎妈妈拥军的感人事迹,激励着前来接受教育、训练的年轻战士。在当年掩藏伤员的山洞前,她勉励指战员要按照毛主席关于建设人民军队的指示,搞好军民团结;在饱经沧桑的古槐下,她为年轻人讲述旧社会穷苦人受地主压迫剥削的悲惨生活;在老坟沟岭下,她叙说当年带领群众坚壁清野,同日寇斗争的事迹,让大家永远牢记革命胜利来之不易。有时还领着战士们上山挖野菜,教育大家不要丢掉艰苦奋斗的优良传统。

戎冠秀的崇高品德带出了可贵的家风。一家人在她的影响带领下,一个个争做拥军模范。

戎冠秀的儿媳妇梁三花和婆婆一样,也是穷苦人出身。在戎冠秀的影响下,她尽管不是干部,但是主动做拥军优属工作。就在"模范连"住下的当天晚上,三花端着一簸箕新鞋,去给战士们换。她挨门询问,并且要亲眼看,亲手摸,战士的鞋不湿才肯走。她到了炊事班,发现一个战士的鞋湿了,非让脱下来换上不可,战士硬是不肯。为了说服对方,三花给这个战士讲了一个关于鞋子的故事——

那是1952年,戎妈妈的三儿子李兰金到了抗美援朝的战场。三花做好一双军鞋,打算给兰金寄去,让他穿上新鞋不忘本,保家卫国杀敌人。没想到,鞋还没寄出,就接到了兰金光荣牺牲的消息。噩耗传来,一家人都悲伤地哭了。戎妈妈忍住悲痛对全家说:"哭顶个甚,打仗哪能不死人的?不流血哪能换来胜利!兰金为抗美援朝牺牲,俺这个当娘的也光荣!"后来戎妈妈劝三花说:"你再多做几双鞋,留给咱解放军同志们穿,他们个个都是咱亲人呀!"从此,戎妈妈和三花一有空就赶着做军鞋。

说到这里,三花捧着那双鞋说:"同志,这鞋就是我们给你们做的,你们不穿给谁穿?"战士含着热泪,接过了三花手里的那双鞋,激动得说不出一句话来。他暗暗下定决心:一定要向先烈学习,紧握钢枪,练好本领,保卫我们的祖国和人民。

1982年12月,戎冠秀已86岁高龄,从北京开会回来,一下火车,听说石家庄地区召开拥军优属先进分子会议,不顾旅途疲劳,赴会给代表们做报告,动员大家搞好拥军优属工作,支持部队建设。

1984年秋末，平山县的驻军开赴老山前线，参加对越自卫反击战。戎妈妈时刻记挂着南疆卫国的将士们，听说南边天热多雨，她担心战士们吃不好，睡不好，不停地念叨。人们劝她，现在的条件不是抗日战争那个时候了，不用担心。她安排姑娘媳妇们做锦旗，缝针线包，把红枣和核桃塞满慰问袋，寄往老山前线。1986年7月25日，河北省军区和石家庄军分区派代表，带着前方捷报和战士们的问候来看望她。见面，她第一句话就问："南边的仗打得怎样了？咱们战士的情况怎么样？"当大家告诉她战士们打得很英勇，很顽强时，她笑道："俺从匣子里听到前线打了胜仗，就高兴得几黑夜睡不着觉，听到战士们负伤牺牲，心里就难过，俺真想给战士们再熬一碗鸡汤呀！"又说："俺年纪大了，不能去前线看望他们，心里很过意不去。请你们给前线的战士们捎个信，希望他们多杀敌，多立功。"大家很快将她的嘱托通过省赴滇慰问团转告前线，前线的《胜利报》进行了报道，极大鼓舞了参战将士的杀敌决心。12月，她听说石家庄地区将派人赴云南前线慰问，就委托他们将一面绣有"钢铁长城，南疆卫士"的锦旗送给前线部队，从而表达对子弟兵的激励和思念之情。

每年征兵期间，戎妈妈都针对一些青年中存在的"当兵吃亏"的消极思想，对适龄青年进行动员，给他们讲"致富不能忘报国"的道理。鼓励青年人到部队锻炼，她说当兵不光是练武，还学技术，长见识。年轻人不出去，在这穷山沟里有什么出息，到部队锻炼几年，学点本事，回来后好为家乡出力，更快地改变山区的贫困面貌，才能过上更好的日子！青年们为戎妈妈的教诲所打动，积极响应号召，踊跃报名参军。

烽火连太行，家书抵万金。1987年5月，戎妈妈给南疆卫士写了一封"家书"：

> 驻守南疆的二十七军全体指战员：
>
> 　　你们好！我听到从祖国南疆传来的喜讯，心中非常高兴。你们肩负着全国人民的重托，在越南前线出生入死，浴血奋战，你们辛苦了！我谢谢你们，祖国人民谢谢你们！我老了，不能再为你们做工作了，但我心里一直挂念着你们，我衷心希望你们多杀越寇鬼子，保卫好祖国的南大门，我在后方等待着你们胜利的消息，盼你们早点胜利归来。
>
> 　　　　　　　　　　　　　　　　　　　戎冠秀
> 　　　　　　　　　　　　　　　　　　1987年5月

三子兰金在抗美援朝中光荣牺牲，戎妈妈享受烈属待遇，除每月领取50元抚恤金外，她从未向国家伸手要过一分钱。部队和领导来看望时带着饼干、罐头等食品，她总要分发给村里的孩子们。

进入耄耋之年，党和政府为照顾她的晚年生活，想接她到城市居住，她不肯给国家添累赘，执意不去，始终住在下盘松，过着普通人最质朴的生活。她住的屋子里，只有一个桌子、几把木凳，土炕上是老旧的被褥，没有一件新式的现代家具用品。一直到20世纪80年代，90岁高龄的戎妈妈还亲手用一块一块的碎布片为孙子缀裤子、缝褥子，并亲手为自己制作了补丁摞补丁的粗布里寿衣……

这就是我们子弟兵的好母亲，一棵下盘松山上的不老松！

勿忘我

"勿忘我"是一种花,被称为"花中情种"。这种花有着美好的花语,象征永恒的爱、不变的心、难忘的回忆、天长地久的情谊。她的花有多种颜色,每个花色都有着各自的花语。粉色代表浪漫,紫色寓意深情厚谊。送一束勿忘我,那就是对你说:可别忘了我,记住我对你真诚不渝的爱。

这个好听的花名的来历,还有一段凄美动人的爱情故事。

相传一位德国骑士与恋人在多瑙河畔漫步谈情。偶然看到河畔绽放着一些蓝色花朵的小花,恋人赞美地说:"好漂亮的花呀!"骑士立刻去为心爱的人探身摘花,不料失足落入河中。河流湍急,骑士无法得救,绝望中喊了一句"勿忘我",将手中的花朵奋力抛向恋人,随即消失在水中。从此以后,骑士的恋人日夜将小花戴在发际,表达对骑士忠贞不渝的爱和思念。人们渐渐将这种花称为"勿忘我"。

浪漫、时尚的年轻人多以此花相赠，表达美好的情意。然而，戎妈妈和聂荣臻元帅却在耄耋之年有过一个互赠"勿忘我"的真实故事。

1987年7月下旬，平山县妇联和下盘松村妇代会的同志去家里看望戎冠秀。时值91岁高龄的戎妈妈从箱底翻出20多年前纳好的鞋底，让她们帮忙做一双当年聂司令员喜欢穿的布鞋。大家深知她的心思，给聂帅做布鞋一是表达对老帅的思念之情，二是让青年人不忘爱国拥军的传统，于是欣然答应。鞋子做好后，她又让人替她附上一封信寄去。信是这样写的：

聂荣臻元帅：

　　快到"八一"了，又是建军60周年，我和平山老区的乡亲们都很想念您。给您寄去一双您当年喜欢穿的布鞋，这是村里年轻人按咱老妇救会的规格做的，不知合脚不？拥军的传统已在咱平山一代代传了下来，我想您知道了一定很高兴。

　　祝您健康长寿！

戎冠秀

下盘松村妇代会

平山县妇联会

1987年7月26日

聂荣臻在北京的家里收到了纳底鞋和来信。聂元帅怀着激动的心情写了这样一封回信：

戎冠秀同志并下盘松村妇代会、平山县妇联会：

　　接到你们热情的来信和老区纳底鞋，使我非常感动，也非常感谢你们，一下子又引起我对战争年代解放区生活的回忆。进城后，因工作等原因没得空到老区看一看。"文革"后，几次想去，又因身体不好，未能如愿。现在腿脚更不便了，真是遗憾，不过我对老区人民始终怀念着。我常讲，从八一南昌起义到中华人民共和国成立，一打就打了22年的革命仗，而其中11年都是在华北，主要是在河北度过的。所以，河北的一草一木，我都不会忘记。现在看到了纳底鞋，自然引起我的回想，这双布鞋虽很普通，但它包含了老区人民多少心意，是军民鱼水情的结晶，我将永远保留纪念！

　　戎冠秀同志是著名的人民子弟兵的好妈妈，是拥军模范。祝愿您健康长寿。同时祝愿平山父老乡亲们生产发展，生活幸福，社会主义建设事业蒸蒸日上！

聂荣臻
1987年8月10日

1988年6月，戎妈妈因病住进石家庄国际和平医院，消息传到了远在北京的聂荣臻元帅耳中。聂元帅专门委托正在河北省进行《聂荣臻传》采访的同志到医院看望戎妈妈,特意安排将一束"勿忘我"花送到她的病榻前。戎妈妈十分激动,眼含热泪,连连说:"谢谢,谢谢聂司令员!"她叫来在医院守护自己的女儿,也给聂帅捎去一束"勿忘我"。两个老人以这种特殊的方式表达彼此的怀念和问候,这是一种怎样深沉、炽烈、动人的革命情意!

1989年夏天,聂荣臻元帅因病正在北戴河疗养。在一年多的时间里,戎冠秀老人的病情时时牵动着元帅的心。8月13日这一天,秘书向他报告:平山县委刚刚发来了唁电,戎冠秀不幸于昨天上午逝世。在轮椅上的聂元帅,脸色一下变得沉重起来,他痛苦地使劲拍了下扶手,久久沉默不语,过了很久,对秘书说:立即向河北省委、平山县委发一封电报,我说你写。据说,这是最早发来的一封唁电,内容如下:

中共河北省委并平山县委:

　　惊悉著名子弟兵母亲戎冠秀同志不幸病逝,深为悲痛。战争年代,戎冠秀同志的英雄业绩鼓舞了晋察冀边区千千万万人民和人民子弟兵。我也深为她的精神所感动。正是这样,军民鱼水感情,使我们赢得了革命战争的胜利。我们应该继续发扬她的革命精神,继承她的遗志,为保卫和建设社会主义新中国而努力奋斗!

　　请向戎冠秀同志的家属转达我的哀悼之情,并致亲切慰问。在向戎冠秀遗体告别时，请代送花圈，以寄托我的哀思。

聂荣臻
1989 年 8 月 13 日

"子弟兵的母亲"与共和国元帅互赠"勿忘我"的故事感动了无数人。2014 年，在戎妈妈的家乡，平山县河北梆子剧团创排了大型河北梆子现代戏《子弟兵的母亲》，在戏的高潮，戎妈妈缓缓坐在地上，拿起聂元帅赠送的"勿忘我"，念着一个一个牺牲战士的名字，一束一束摆在地上，与观众展开了一场昨天与今天的对话：孩子们，这可不是一般的花呀，这是聂司令员送来的，叫勿忘我！这里边有着深情的嘱托呀！他是要告诉咱们大家，不要忘了那些长眠地下的烈士们，不要忘了咱们的老粗布、小米饭……

这出戏先后在中央电视台戏曲频道播出 20 余次，文化部安排在全国巡演。"勿忘我"，就像那花蕴含的寓意一样，戎冠秀精神的红色基因在新时代的今天得以继承和发扬，永永远远，让一代又一代的青年记住革命先辈的事迹和精神。

物质与精神
——给予后辈儿孙的财富

戎冠秀心里总是想着子弟兵，想着集体，想着群众。解放后年岁大了，不能在生产队干重活儿了，她就干些拾粪、敲钟类的轻活儿，"不能添斤也能添两"。她当了全国人大代表、全国妇联执委和全国劳动模范，用村里人的话说，是很有影响的人了，但是她却一点儿也不靠自己的"老本"给家人，给后辈儿孙谋利益。她给予他们的，更多的是精神财富。

"给公家做事，在哪都一样！"这是戎冠秀常对后辈儿孙说的话。

戎冠秀一个本家侄女儿觉得在山村没出路，就找到戎冠秀，恳求说："大娘，农村生活太苦，我想出去找个工作，请你给递个话儿。从省到县，哪个领导你不熟？只要你嘴唇一张一抿，这事儿准沾！"戎冠秀话说得直截了当："山里有什么不好？我不就一辈子住在山里，一辈子当农民？"那侄女儿只得安安分分待在老家干农活儿。

戎冠秀的孙子李兰书没有参军是因为缺队里的吃粮款，那时候村民都是挣工分的。因为戎冠秀的大儿子李聚金（李兰书的父亲）去世早，家里挣的工分不够还粮款，等李兰书到入伍年龄的时候，还欠队里很多粮款，所以大队没让走。李兰书求奶奶帮忙，戎冠秀说："既然村里不让你当兵，你就别走了，给国家做事，在哪儿都一样。"李兰书听奶奶的话，规规矩矩、本本分分地当了一辈子农民。

戎冠秀的三孙子李雄飞1988年从部队复员回村。1989年春节前夕，村干部和雄飞来到白求恩国际和平医院，村干部说："雄飞当兵回来了，您跟领导说说，给雄飞在外边找个事吧！"戎冠秀还是那句话："家里外头一个样，都是给国家干事，我这一辈子不是都在村里嘛，不要再给国家添麻烦了。"雄飞听了奶奶的话，安心地在村里扎下了根。

解放后，群众的生活比解放前提高了很多，但戎冠秀还是经常教育自己的儿孙勿忘艰苦朴素，她常常给孩子们讲，现在日子虽然好过了，但勤俭节约的作风不能丢，富日子要当穷日子过，吃饭穿衣一定要精打细算。她要求孩子们吃饼不能剩块，吃饭不能剩底，吃米不能掉米粒。这"三不能"成为她的一条家训。

她教育孙子孙女不要讲吃讲穿。孙子李耿成结婚时，乡亲们问戎冠秀："您的大孙子结婚，送点什么呢？"戎冠秀回答："一把锄头，一把锨，回家就下地干活儿去。"她还开导孙女李秀玲："等你结婚时可不要跟他们学（指某些人大操大办，铺张浪费）。"秀玲听奶奶的话，结婚时，一分钱彩礼也没要，只买了几斤糖果和瓜子招待客人。

1964年，大孙子李耿成要到离家60多里的上文都中学读书。临走时，戎冠秀送给他一个刷牙缸，语重心长地说："这是我外出开会时用过的，虽然旧点，但还能用，你要记住：只要好好学习，勤俭节约才有出息。"近30年过去，走过学校、部队、工厂、机关，这只刷牙缸一直陪着他，尽管缸子上"团结、紧张、严肃、活泼"的字样已有些模糊，但他仍舍不得丢掉。

20世纪60年代三年困难时期，她连着三年没有领布票，衣服破了补了又补，可她却将自己没有补丁的衣服送给村里的困难户。有一年邯郸的二女儿喜花回家，看见戎冠秀孙子秀平（参军后改名李建雄）笑着朝她说："二嫂子，秀平的裤子有二斤（补丁上面还打着补丁）重吧？""新三年，旧三年，缝缝补补又三年。"是戎冠秀常挂在嘴边的话。那时候，包括戎冠秀自己在内，家里人的衣服都是补了又补。

鉴于戎冠秀对党和政府作出的巨大贡献，党和政府打算把她从山里接到城市安享晚年，她对去接她的工作人员说："俺不去，俺在山里住惯了，日子也比过去强得多，不愁吃，不愁穿，党和政府给了俺很多照顾，俺不能再给国家添累赘了。"她执意不肯离开战斗生活了大半生的下盘松村。在这里，她一直过着艰苦朴素的生活，在她的屋内，除了墙上挂的反映她战斗和经历的一些照片,简陋的桌凳、朴素的铺盖外,再没有其他的现代化豪华陈设。

1986年农历九月二十九日是戎冠秀的90大寿,女儿女婿和孙子孙女都从外地赶来团聚。戎冠秀对大家说:"我死后要火化,丧事新办,不搞铺张浪费。"她还亲手缝了寿衣,里子是旧粗布,还打着补丁。家人们不忍心,只好背着她换成了新布里,又增絮了棉花。石家庄军分区政治部主任朱连水看着这俭朴的寿衣,热泪盈眶:"妈妈,您把心血都用在了我们身上,就是不顾您自己。"

1987年,91岁高龄的戎冠秀身患重病,省、地、县的党政军领导多次去家里看望,劝她到省会治病。她总是一句话谢绝:"不,我哪里也不去,都快死的人了,不再拖累国家了。"二女婿以到蛟潭庄医院看病为名,"骗"她到了石家庄白求恩国际和平医院,她识破后批评女儿荣花:"这都是你捣的鬼。来这儿治病,又得花国家的钱。"

住院期间,闲不住的戎冠秀还给孩子们缝坐垫儿,每块坐垫儿一尺见方,用80多块碎布头缝成。当碎布头用完,她就让女儿去缝纫摊上买,一买就是几公斤。她一共缝了十几个垫子,分别送给女儿、媳妇、孙子、孙女。她说:"我没什么给你们,这就是我给你们的纪念品,生活好了也不能浪费。"

戎冠秀奋斗一生,俭朴一生,实在没有给后辈留下什么可以炫耀的物质财富。艰苦朴素,是她留给孩子们的宝贵的精神财富。